国家社科基金项目（17BJL071），重庆市社会科学规划英才计划项目（2022YC016），重庆市教委人文社科项目（22SKJD100），重庆市教委科技项目（KJZD－K202200801）

基于合作博弈理论的国家级新区产业分工与价值链重构研究

任毅 田园 易森 著

中国财经出版传媒集团
中国财政经济出版社

图书在版编目（CIP）数据

基于合作博弈理论的国家级新区产业分工与价值链重构研究／任毅，田园，易淼著．—北京：中国财政经济出版社，2022.9

ISBN 978－7－5223－1606－2

Ⅰ.①基…　Ⅱ.①任…②田…③易…　Ⅲ.①经济开发区－产业布局－地域分工－研究－中国　Ⅳ.①F127.9

中国版本图书馆CIP数据核字（2022）第146886号

责任编辑：彭　波　　　　责任印制：史大鹏
封面设计：卜建辰　　　　责任校对：张　凡

中国财政经济出版社 出版
URL：http：//www.cfeph.cn
E－mail：cfeph@cfeph.cn

社址：北京市海淀区阜成路甲28号　邮政编码：100142
营销中心电话：010－88191522
天猫网店：中国财政经济出版社旗舰店
网址：https：//zgczjjcbs.tmall.com
北京财经印刷厂印刷　各地新华书店经销
成品尺寸：170mm×240mm　16开　12印张　184 000字
2022年9月第1版　2022年9月北京第1次印刷
定价：68.00元
ISBN 978－7－5223－1606－2
（图书出现印装问题，本社负责调换，电话：010－88190548）
本社质量投诉电话：010－88190744
打击盗版举报热线：010－88191661　QQ：2242791300

PREFACE
前言

国家级新区是由国务院批准设立，以相关行政区、特殊功能区为基础，承担国家重大发展和改革开放战略任务的综合功能区。1992～2021年，我国先后共设立19个国家级新区，地域范围覆盖东部、中部、西部以及东北地区。国家级新区已经成为区域经济的增长极，高端、高新产业的聚集地，有力地促进了地区经济建设和社会发展。近年来国家级新区的经济发展卓有成效，产业发展质量持续提高。但也应看到，各新区还存在着重复建设、同质竞争、缺乏特色、价值链低端锁定等问题。

本书以我国19个国家级新区为研究样本，综合运用多种研究方法，基于合作博弈理论对国家级新区的产业分工现状、价值链重构、产业结构进行综合分析。首先，分析国家级新区的发展现状，包括设立历程、地理分布、规划面积、功能定位、管理体制；新区的经济发展现状，包括地区生产总值、财政收入、投资消费、对外开放、引进项目等。其次，是国家级新区产业分工的合作博弈模型构建分析，以国家级新区产业分工合作博弈和税收竞争的合作博弈为主题，梳理了有关合作博弈的理论模型，主要包括古诺模型、囚徒困境模型和斯塔克伯格模型；构建了合作博弈模型，从产业结构升级视角和税收竞争视角分别对国家级新区企业之间、政府之间的合作博弈进行分析。最后，进行合作博弈下国家级新区价值链重构影响机理分析，对产业分工、价值链、双循环、内循环进行理论阐释，基于内循环视角、双循环视角，探究合作博弈下国家级新区价值链重构的影响机理。

对国家级新区产业发展进行比较分析，国家级新区之间的产业发展各有异同，通过聚类分析得出聚类结果；分析国家级新区产业发展概况，比较分析国家级新区产业规划，对比分析国家级新区主导产业。然后对国家级新区产业结构趋同与产业分工的实证分析，主要包括国家级新区产业结构趋同分析、趋同的合意性分析、国家级新区产业分工分析、产业合作潜力分析。在此基础上，提出国家级新区产业分工与价值链重构的机制与路径，应建立合理的产业分工机制、有效的技术创新机制、高效的区域协同机制、开放的内外联动机制、完善的政策保障机制。国家级新区应建立协同的分工体系，推动新区产业间差异化发展；加强产业内分工合作，提升新区产业分工合作效应；依托前沿技术和新业态，促进新区创新链产业链融合；构建技术创新联盟，推动新区协同创新；完善多层次多领域合作机制，引导新区联动发展；加大区域协调发展力度，推动新区一体化发展；共建高水平开放平台，积极推动新区融入双循环；协同改善贸易宏观环境，促进新区对外贸易交流；建立规则统一的制度体系，提升新区治理效能；建立健全要素保障机制，激发新区发展活力。

在学术价值方面，区域间通过合作博弈不仅能够充分挖掘要素比较优势，增强产业分工专业化水平，还可以促进产业价值链的整合和提升。基于合作博弈理论探究国家级新区产业分工的合作博弈发生机制，重构产业价值链，促进国家级新区产业竞合状态从“无序”向“有序”的转变，既是对合作博弈理论内涵的深化，也是对合作博弈应用领域的拓展。

在应用价值方面，通过对国家级新区产业专业化分工的综合测度与评价，精准识别和筛选非合意性趋同产业，使研究更具有针对性。运用合作博弈理论和模型来重新设定国家级新区博弈情景，基于集体理性结果来设计产业分工体系和重构价值链，并提出对策建议，一方面能够解决国家级新区产业发展的现实问题，另一方面为国家级新区产业布局和规划提供决策依据。

CONTENTS

目录

第 1 章 导 论

1.1 研究背景

国家级新区是由国务院批准设立，以相关行政区、特殊功能区为基础，承担国家重大发展和改革开放战略任务的综合功能区。1992～2021 年，我国先后共设立了 19 个国家级新区，地域范围覆盖东部、中部、西部以及东北地区。国家级新区的经济建设取得明显成效，根据最新的统计数据，2020 年前三季度，19 个国家级新区实现地区生产总值达 3.3 万亿元，同比增长 2.9%，高于全国平均水平 2.2 个百分点。2020 年，固定资产投资增速超过 10% 的国家级新区有一半，最快的广州南沙新区增速达 25.1%，高出广东省 18.3 个百分点，上海浦东新区增长 15.7%，创出新高；浙江舟山群岛、重庆两江新区规模以上工业总产值同比分别增长 68.2%、12%。国家级新区已经成为区域经济的增长极，高端、高新产业的聚集地，有力地促进了地区经济建设和社会发展。近年来国家级新区的经济发展卓有成效，产业发展质量持续提高。但也应看到，各新区还存在着重复建设、同质竞争、缺乏特色、价值链低端锁定等问题（《国家级新区发展报告》）。

党的十九大报告提出，“我国经济已经由高速增长阶段转向高质量发展阶段”。党的十九届五中全会提出，“加快发展现代产业体系，推动经济体系优化升级”“推进产业基础高级化、产业链现代化，提高经济质量效益和核心竞争力”。这为我国的新时期的经济发展和产业升级提出了明确的发展方向。2020 年 5 月 14 日，中共中央政治局常委会会议首次提出，“充分发挥我国超大规模市场优势和内需潜力，构建国内国际双循环相互促进的新发展格局”。2020 年 7 月，习近平总书记强调“逐步形成以国内大循环为主体、国内国际双循环相互促进的新发展格局”。

国际国内形势发生深刻变化，国家级新区作为承担国家重大发展和改革开放战略任务的综合功能区，在构建新发展格局中承担着重要的任务和使命。国家级新区应化压力为动力，直面挑战，推动传统产业升级、价值链重构，助力新兴产业发展壮大，强化自身高质量跨越式发展的能力和动力，承担起高质量发展的历史使命。在新发展阶段，充分发挥创新发展的示范引领作用，积极探索实现高质量发展的新模式和新路径。在此背景下，本书探讨国家级新区之间的产业合作博弈机制，构建深化产业分工和升级产业价值链的政策取向与机制路径，这对实现国家级新区产业升级，发挥区域经济新引擎作用，推动国家级新区高质量发展，具有重要的理论和现实意义。

1.2 研究目的与意义

2020 年，国务院办公厅印发《关于支持国家级新区深化改革创新加快推动高质量发展的指导意见》（以下简称《意见》）。《意见》指出：“国家级新区是承担国家重大发展和改革开放战略任务的综合功能平台。要坚持新发展理念，坚持以供给侧结构性改革为主线，突出高起点规划、高标准建设、高水平开放、高质量发展，用改革的办法和市场化、法治化的手段，大力培育新动能、激发新活力、塑造新优势，努力成为高质量发展引领区、改革开放新高地、城市建设新标杆。”为更好促进各个国家级新区发挥其经济引擎的作用，在合作博弈理论的基础上对国家级新区的产业分工现状进行综合评价，对国家级新区之间存在的产业结构趋同问题进行深入解析，并对其产业合作潜力进行剖析，提出各个国家级新区未来产业合作的重点领域，构建国家级新区产业价值链重构的优化路径和政策体系。

研究目的：（1）准确把握 19 个国家级新区产业发展的现状和特点、产业专业化分工水平和产业趋同；（2）以合作博弈理论为工具，理清国家级新区产业分工的发生机制及其对价值链重构的影响机理，提出国家级新区产业分工的对策，优化国家级新区价值链重构路径；（3）了解国家级新区发展现状，对国家级新区产业分工进行了多维度、多视角的综合分析，更好地促进各个国家级新区产业价值链重构，提升产业竞争力；为国家级新区更好的培育特色主导产业、打造世界级先进制造业集群提供相关研究支撑；（4）以五大发展理念为指导，构建国家级新区产业分工与价值链重构的政策取向与机制路径，为政府决策和企业发展提供参考。

研究意义：（1）理论意义：①基于合作博弈理论来重构国家级新区间的产业博弈关系，是对国家级新区现有研究成果的理论补白，丰富深化国家级新区、产业分工与价值链重构、合作博弈理论等相关理论；②基于合作博弈理论来设计区域竞合关系的新机制，运用合作博弈方法来达到局部理性与集体理性的相容性、一致性，为国家级新区实现产业分工细化和价值链重构提供了坚实的理论基础。（2）现实意义：①探讨国家级新区之间的产业合作博弈机制，构建深化产业分工和升级产业价值链的制度框架与政策取向，对实现国家级新区产业升级，摆脱产业趋同和价值链低端锁定的现实困境，发挥区域经济新引擎作用具有重要的现实意义；②构建合理的产业分工机制、有效的技术创新机制、高效的区域协同机制、开放的内外联动机制、完善的政策保障机制，从而建立起区域间“竞合有序”的博弈机制，解决国家级新区产业分工细化和产业价值链提升等现实问题。

1.3 研究思路与主要内容

本书以我国 19 个国家级新区为研究样本，基于合作博弈理论对国家级新区的产业分工现状、价值链重构、产业结构进行综合分析。第一，分析国家级新区的发展现状，从国家级新区基本情况、经济发展现状进行了全面的梳理；第二，了解国家级新区基本情况之后，从产业结构升级视角、税收竞争视角构建合作博弈模型，分别对国家级新区企业之间、政府之间的合作博弈进行分析；第三，在合作博弈框架下，从双循环和内循环的视角出发，理清国家级新区价值链重构的影响机理；第四，对国家级新区产业发展进行比较分析，并对国家级新区产业结构趋同与产业分工进行实证分析；第五，就得出的结论提出针对性的意见和建议，探索国家级新区产业分工与价值链重构的机制与路径，为政府有关部门制定政策提供参考，为相关企业决策提供依据。

本书共有7章，主要研究的主要内容与结构如下：

第1章，导论。主要概括了选题的背景、研究目的与意义、研究思路与研究内容、主要研究方法、研究的创新之处等。

第2章，国家级新区的发展现状。主要分析和梳理国家级新区的发展概况，包括设立历程、地理分布、规划面积、功能定位、管理体制；新区的经济发展现状，包括地区生产总值、财政收入、投资消费、对外开放、引进项目。旨在厘清国家级新区的发展基础，有利于对其开展更深入的研究，为后续分析做铺垫。

第3章，国家级新区产业分工的合作博弈模型构建与分析。主要以国家级新区产业分工合作博弈和税收竞争的合作博弈为研究主题，梳理了有关合作博弈的理论模型，主要包括古诺模型、囚徒困境模型和斯塔克伯格模型；构建了合作博弈模型，从产业结构升级视角和税收竞争视角分别对国家级新区企业之间、政府之间的合作博弈进行分析。

第4章，合作博弈下国家级新区价值链重构影响机理。主要对产业分工、价值链、双循环、内循环进行理论阐释，基于内循环视角、双循环视角探究合作博弈下国家级新区价值链重构的影响机理；理清合作博弈视角下国家级新区价值链重构的影响机理，有助于政府制定合理的产业政策，企业规划合适的战略目标，充分利用国内和国际市场资源，加快发展速度，提高发展质量，融入以国内大循环为主体、国内国际双循环相互促进的新发展格局。

第5章，国家级新区产业发展的比较分析。国家级新区之间的产业发展各有异同，本章将对国家级新区产业发展进行比较分析。先对国家级新区进行聚类分析，得出聚类结果；分析国家级新区产业发展概况，比较分析国家级新区产业规划，对比分析国家级新区主导产业。

第6章，国家级新区产业结构趋同与产业分工的实证分析。主要包括国家级新区产业结构趋同分析、趋同的合意性分析，国家级新区产业分工分析、产业合作潜力分析。国家级新区的产业结构趋同与产业分工问题的分析可以反映其发展趋势，有利于我们对国家级新区的产业发展进行深入剖析和预测。

第 7 章，国家级新区产业分工与价值链重构的机制与路径。在理论与实证分析的基础上，立足国家级新区的实际情况，提出国家级新区产业分工与价值链重构的五个机制。对应五个机制，提出国家级新区产业分工与价值链重构的主要路径，为政府部门制定相关政策提供参考，助推国家级新区融入以国内大循环为主体、国内国际双循环相互促进的新发展格局。

1.4 研究方法

（1）规范分析和实证分析相结合。

本书既注重客观描述与分析，也注重理性判断与分析，国家级新区的产业分工与价值链重构需要规范分析和实证分析相结合。本书采用合作博弈理论、产业分工理论、价值链理论、双循环理论等对国家级新区发展情况、价值链重构的影响机理等问题进行规范分析；而新区间的合作博弈、聚类分析、产业趋同与合意性、产业专业化分工、产业合作潜力分析等则以实证的计量经济模型分析为主，分析描述变量之间的内在关系，以实现规范分析与实证分析的相互补充和有机结合，从合作博弈视角对国家级新区产业分工与价值链重构进行科学的探索与研究。

（2）宏观数据与微观调研相结合。

采用各新区年度统计公报、统计年鉴及国家级新区发展研究报告上涉及的 19 个国家级新区宏观经济数据、企业经营数据等进行分析处理；同时，深入产业园区、企业、政府职能部门进行现场踏勘及访谈，获取微观对象的实际数据资料。将宏观数据与微观调研相结合，在数据可得的基础上，力图提高其数据的科学性与准确性。

（3）比较分析法。

通过比较分析，可以更好地把握研究对象的本质规律，从而作出正确的评价与判断。本书对不同类型的国家级新区的产业发展进行比较，其中包括新区的产业规划对比、主导产业对比、主导产业与规划产业间的对比等。与此同时，还比较了国家级新区的主导产业发展现状，分析其差异情况及其背后的原因。

(4) 模型构建法。

一方面构建了合作博弈模型，分别从产业结构升级视角、税收竞争视角对国家级新区企业、政府之间的合作博弈进行分析；另一方面，构建空间计量模型分析国家级新区的聚类、产业趋同问题、合意性以及产业专业化分工水平。采用 K－means 聚类算法对国家级新区进行聚类；选取区位商、产业结构相似系数、区域专业化水平、产业结构差异度指数四个指标，通过联立方程测度新区优势产业的差异及产业结构趋同演化趋势，基于 β 趋同测度模型对新区产业发展趋同进行测度分析；同时，以偏离—份额分析法（SSM）分析产业结构趋同的合意性；通过产业合作潜力模型以产业结构差异推算新区间的产业联动程度，从而进行新区各行业的产业合作潜力分析。根据研究目标及相关内容进一步对模型进行调试，提高其科学性、准确性与可行性。

(5) 系统分析法。

系统分析法是把研究对象看作一个系统整体，以系统整体的最优为目标进行分析研究。本书以合作博弈理论为基础，将国家级新区的产业分工与价值链重构作为一个复杂的系统整体来进行考察和研究，综合运用区域经济学、产业经济学、制度经济学、计量经济学、统计学等多学科的理论和方法，开展系统性、综合性、交叉性的多学科综合系统研究。

1.5 研究的创新之处

本书研究的创新之处在于：

(1) 学术思想上的创新。

①从合作博弈角度来探索解决国家级新区产业竞合无序问题，即以合作博弈理论为依据，基于古诺模型、囚徒困境模型、斯塔伯格模型等合作博弈模型，构建国家级新区产业分工的合作博弈模型，揭示产业分工过程中不同博弈主体间的长期动态均衡。②立足于国家级新区建设发展背景，依据“双循环”新发展格局要求，从内循环与双循环视角剖析合作博弈下国家级新区

价值链重构的影响机理，促进国家级新区更好融入“双循环”新发展格局。

（2）学术观点上的创新。

①国家级新区产业分工的形成与发展遵循合作博弈的内在规律，这是解决产业趋同问题、深化产业分工的重要理论依据，也是实现价值链重构的理论基石。②不同的国家级新区，应当基于现实发展条件，协调产业间的竞合关系，形成合理的产业分工体系。③以国内大循环为主体、国内国际双循环相互促进的新发展格局为出发点，培育新形势下国家级新区参与国际竞争与合作的新优势，形成国家级新区之间合理的产业分工和产业布局，从而实现价值链重构。

（3）研究方法上的创新。

①将宏观数据与微观调研相结合，综合运用比较分析法、系统分析法、空间计量等方法，以可视化、交互性强的图表形式，准确把握 19 个国家级新区产业发展的现状和特点，探究新区间产业发展的差异原因，为国家级新区价值链重构路径的设计奠定基础。②综合构建多种计量模型，如合作博弈模型、β 趋同测度模型、产业合作潜力模型等，以合作博弈理论为工具，厘清国家级新区产业分工的发生机制及其对价值链重构的影响机理，对产业专业化分工水平进行检验，探究产业分工的格局与产业趋同情况，提出国家级新区产业分工的对策。

第 2 章 国家级新区的发展现状

本章主要分析和梳理国家级新区的发展概况，旨在厘清国家级新区的发展基础，有利于对其开展更深入的研究，为后续分析做铺垫。本章主要包括两个部分：第一部分是新区的基本情况，包括设立历程、地理分布、规划面积、功能定位、管理体制；第二部分是新区的经济发展现状，包括地区生产总值、财政收入、投资消费、对外开放、引进项目。

2.1 国家级新区的基本情况

2.1.1 设立历程

1992~2021 年，我国先后共设立了 19 个国家级新区，从设立历程来看，大体可以分为三个阶段：

第一阶段 1992~2009 年，是国家级新区的探索设立阶段。国务院批复设立上海浦东新区和天津滨海新区，体现了国家的开发开放战略，是中国经济进一步深化改革、扩大开放的战略部署和实施，这两个国家级新区的设立，标志着我国经济改革的区域性探索和实践迈出了新步伐。

第二阶段 2010~2013 年，是国家级新区的发展培育阶段。国务院相继批复设立了 4 个国家级新区，分别是重庆两江新区、浙江舟山群岛新区、兰州新区和广州南沙新区。这个时期主要是为了培育新的区域增长极，体现了国家深入推动西部大开发战略、海洋发展战略，培育新的经济增长点，促进区域经济的协调发展。

第三阶段 2014 年至今，是国家级新区的大力发展阶段。国务院相继批复陕西西咸新区、贵州贵安新区、青岛西海岸新区、大连金普新区、四川天府新区等 13 个国家级新区。这个时期我国经济发展进入新常态，经济结构和经济体制发生变化，区域经济发展呈现出新的特征。国家进一步优化国家级新区的布局，大力推动国家级新区建设发展，给予多方面的政策支持，推动国家级新区创新发展，引领区域经济发展（郝寿义，2016；李云新等，2016；陈东，孔维东，2016；魏中胤等，2020；郭松洋，2020；吴贵华，2020）。

2.1.2 地理分布

截至目前，国务院先后批复设立了 19 个国家级新区，即上海浦东新区、天津滨海新区、重庆两江新区、浙江舟山群岛新区、兰州新区、广州南沙新区、陕西西咸新区、贵州贵安新区、青岛西海岸新区、大连金普新区、四川天府新区、湖南湘江新区、南京江北新区、福州新区、云南滇中新区、哈尔滨新区、长春新区、江西赣江新区和河北雄安新区。

19 个国家级新区分布在全国 19 个省（直辖市），均处在“一带一路”建设、京津冀协同发展、长三角地区、珠三角地区、长江经济带发展战略的关键节点，体现了我国区域经济均衡发展和对外开放的需要。

东部现有 8 个国家级新区：上海浦东新区、天津滨海新区、浙江舟山群岛新区、广州南沙新区、青岛西海岸新区、南京江北新区、福州新区以及河北雄安新区。上海浦东新区是位于黄浦江以东、长江入海口南侧的一块三角形地块，是上海市的市辖区，地处中国沿海开放带的中心和长江入海口的交汇处，地理位置优越。天津滨海新区位于天津东部沿海地区，是天津市的市辖区，地处京津冀城市群和环渤海经济带的交汇点，是亚欧大陆桥最近的东部起点。浙江舟山群岛新区是我国首个国家级群岛新区，与浙江省舟山市重合，地处我国南北海运大通道和长江水道交汇地带，是长三角城市群的组成部分和海上门户。广州南沙新区与广州市南沙区重合，位于广东省广州市的最南端，地处珠江出海口，依托珠三角城市群，是广州的城市副中心。青岛西海岸新区位于青岛胶州湾西岸，处在京津冀城市群和长三角城市群的中间地带，是沿黄河流域的主要出海通道，也是亚欧大陆桥东部的起点。南京江北新区位于江苏省南京市长江以北，是华东面向内陆腹地的重要节点，是长江经济带与东部沿海经济带的交汇点，是长三角城市群的核心地带。福州新区位于福建省福州市滨海地区，位于长三角城市群与珠三角城市群之间，与台湾隔海相望，又辐射内陆，连通东盟，是东南沿海对外开放的门户。河北雄安新区位于河北省的中部，地处北京、天津、保定腹地，是京津冀城市群的核心区域，是京津冀协同发展的引擎地区，雄安新区也是北京的城市副中心，具有疏解北京非首都功能的重要作用。

中部地区现有 2 个国家级新区：湖南湘江新区和江西赣江新区。湖南湘江新区在湖南省长沙市湘江西岸，在国家城镇化“两横三纵”战略格局中，处于长江横轴和京广—京哈纵轴的结合点。江西赣江新区位于江西省南昌市北部的赣江之滨，位于长江横轴和京九发展轴的交汇处，地处京九大通道和沪昆大通道的结合部。

西部地区现有 6 个国家级新区：重庆两江新区、兰州新区、陕西西咸新区、贵州贵安新区、四川天府新区以及云南滇中新区。重庆两江新区位于长江以北，嘉陵江以东，是重庆市的主城区，是长江经济带和丝绸之路经济带的连接点。兰州新区在甘肃省兰州市西北部秦王川盆地兰州、白银两市接合处，是甘肃对外开放的重要窗口和门户。陕西西咸新区地处关中平原，位于陕西省西安和咸阳两市接合部，居于全国的几何中心位置，是我国大地原点所在地。贵州贵安新区位于贵州省贵阳市和安顺市之间，地处贵州高原中部，是贵州省发展条件最好的地区。四川天府新区位于成都平原，四川省成都市主城区南偏东方向，地处长江经济带与丝绸之路经济带的交汇处。云南滇中新区位于云南省昆明市主城区的东西两侧，是“一带一路”东盟的重要节点，是面向南亚东南亚开放的重要通道和门户。

东北地区现有 3 个国家级新区：大连金普新区、哈尔滨新区以及长春新区。大连金普新区位于辽宁省大连市中南部，处在东北亚地理中心位置，对内是东北地区海陆联运中心，对外是我国与东北亚国家经贸往来和开放合作的重要枢纽。哈尔滨新区位于黑龙江省哈尔滨市松花江以北，是京哈通道和绥满通道的交汇点，是中蒙俄经济走廊的重要节点，对俄全面合作的重要门户，也是亚欧国际物流中心。长春新区位于吉林省长春市东北侧，紧邻长春主城区，是东北亚区域、环渤海、环日本海经济圈的几何中心，是中蒙俄经济走廊的重要节点。

2.1.3 规划面积

19 个国家级新区中，上海浦东新区、天津滨海新区、浙江舟山群岛新区、广州南沙新区、青岛西海岸新区 5 个新区规划范围与原有的行政区划范围是一致的，其他的新区都是打破原有的行政区划，由多个行政区的部分区域组合而成。上海浦东新区、天津滨海新区、重庆两江新区等综合性新区规划面积较大，在 1000 平方千米以上，后期发展起来的大部分专项国家级新区规划面积约 450 ~ 900 平方千米。国家级新区的建成区面积在逐年扩大，2018 年平均增加面积为 8.4 平方公里，平均扩张强度为 5.16%。

2.1.4 功能定位

国务院在同意设立国家级新区的批复中，从各阶段的形势出发，根据各个新区的区域性地位和作用、新区自身特征和重大战略任务，站在国家战略高度对新区逐个进行战略功能定位。国家级新区功能定位具有战略性、地域性和动态性（叶姮，李贵才，2015）。国家级新区的战略使命主要包括：区域综合改革试验区、特色产业聚集区、新型城市增长极、辐射城市群等。国家级新区在发展过程中获得了多项区域发展政策的红利，对城市群和区域经济带的形成与发展具有积极连接效用，推动了区域经济增长级的形成，促进了区域经济的协调发展。目前国家级新区已经成为国土开发和协调区域发展的重要组织形式和空间单元，体现了我国应对国内外发展挑战的区域空间生产策略已经成为国土开发和协调区域发展的重要组织形式和空间单元（晁恒，马学广等，2015；程必定，郝寿义，2017），见表 2.1。

表 2.1　　　　　　　　国家级新区基本情况一览表

序号	名称	设立时间	所属省份	主体城市	规划面积（km^2）	功能定位
1	上海浦东新区	1992 年 10 月 11 日	上海市	上海	1210	围绕建设成为上海国际金融中心和国际航运中心核心功能区的战略定位，努力建设成为科学发展的先行区、“四个中心”（国际经济中心国际金融中心、国际贸易中心、国际航运中心）的核心区、综合改革的试验区、开放和谐的生态区。
2	天津滨海新区	2006 年 5 月 26 日	天津市	天津	2270	我国北方对外开放的门户、高水平的现代制造业和研发转化基地、北方国际航运中心和国际物流中心。
3	重庆两江新区	2010 年 5 月 5 日	重庆市	重庆	1200	统筹城乡综合配套改革试验的先行区，内陆重要的先进制造业和现代服务业基地，长江上游地区的经济中心、金融中心和创新中心等，内陆地区对外开放的重要门户，科学发展的示范窗口。
4	浙江舟山群岛新区	2011 年 6 月 30 日	浙江省	浙江舟山	陆地 1440 海域 2.08 万	我国大宗商品储运中转加工交易中心、东部地区重要的海上开放门户、海洋海岛综合保护开发示范区、重要的现代海洋产业基地、陆海统筹发展先行区。
5	兰州新区	2012 年 8 月 20 日	甘肃省	甘肃兰州	806	西北地区重要的经济增长极、国家重要的产业基地、向西开放的重要战略平台和承接产业转移示范区。
6	广州南沙新区	2012 年 9 月 6 日	广东省	广东广州	803	粤港澳优质生活圈和新型城市化典范、以生产性服务业为主导的现代产业新高地、具有世界先进水平的综合服务枢纽、社会管理服务创新试验区，打造粤港澳全面合作示范区。

续表

序号	名称	设立时间	所属省份	主体城市	规划面积（km^2）	功能定位
7	陕西西咸新区	2014 年 1 月 6 日	陕西省	陕西西安、咸阳	882	我国向西开放的重要枢纽、西部大开发的新引擎、中国特色新型城镇化的范例、丝绸之路经济带重要支点。
8	贵州贵安新区	2014 年 1 月 6 日	贵州省	贵州贵阳、安顺	1795	探索欠发达地区后发赶超路子的重要举措，加快推进体制机制创新、西部地区重要的经济增长极、内陆开放型经济新高地和生态文明示范区。
9	青岛西海岸新区	2014 年 6 月 3 日	山东省	山东青岛	陆地 2096 海域 5000	海洋科技自主创新领航区、深远海开发战略保障基地、军民融合创新示范区、海洋经济国际合作先导区、陆海统筹发展试验区，为探索全国海洋经济科学发展新路径发挥示范性作用。
10	大连金普新区	2014 年 6 月 23 日	辽宁省	辽宁大连	2299	我国面向东北亚区域开放合作的战略高地、引领东北地区全面振兴的重要增长极、老工业基地转变发展方式的先导区、体制机制创新与自主创新的示范区、新型城镇化和城乡统筹的先行区。
11	四川天府新区	2014 年 10 月 2 日	四川省	四川成都、眉山	1578	西部地区重要的科技创新中心，以先进制造业为主、高端服务业集聚、宜业宜商宜居的现代化新城区，内陆开放型经济战略高地和全国统筹城乡发展示范区。
12	湖南湘江新区	2015 年 4 月 8 日	湖南省	湖南长沙	490	探索创新驱动发展路径，打造成为高端制造研发转化基地和创新创意产业集聚区、产城融合城乡一体的新型城镇化示范区、全国“两型”社会建设引领区、长江经济带内陆开放高地。

续表

序号	名称	设立时间	所属省份	主体城市	规划面积（km^2）	功能定位
13	南京江北新区	2015年6月27日	江苏省	江苏南京	788	逐步建设成为自主创新先导区、新型城镇化示范区、长三角地区现代产业集聚区、长江经济带对外开放合作重要平台。
14	福州新区	2015年8月30日	福建省	福建福州	800	两岸交流合作重要承载区、扩大对外开放重要门户、东南沿海重要现代产业基地、改革创新示范区和生态文明先行区。
15	云南滇中新区	2015年9月7日	云南省	云南昆明	482	打造我国面向南亚东南亚辐射中心的重要支点、云南桥头堡建设重要经济增长极、西部地区新型城镇化综合试验区和改革创新先行区。
16	哈尔滨新区	2015年12月16日	黑龙江省	黑龙江哈尔滨	493	中俄全面合作重要承载区、东北地区新的经济增长极、老工业基地转型发展示范区和特色国际文化旅游聚集区。
17	长春新区	2016年2月3日	吉林省	吉林长春	499	创新经济发展示范区、新一轮东北振兴的重要引擎、图们江区域合作开发的重要平台、体制机制改革先行区。
18	江西赣江新区	2016年6月6日	江西省	江西南昌、九江	465	打造成为长江中游新型城镇化示范区、中部地区先进制造业基地、内陆地区重要开放高地、“美丽中国”江西样板先行区。
19	河北雄安新区	2017年4月1日	河北省	河北保定	远期控制区2000	北京非首都功能疏解集中承载地，绿色生态宜居新城区、创新驱动发展引领区、协调发展示范区、开放发展先行区，建设成为高水平社会主义现代化城市、京津冀世界级城市群的重要一极、现代化经济体系的新引擎、推动高质量发展的全国样板。

注：资料来源于《国家级新区发展报告2019》。

2.1.5 管理体制

行政管理体制是指行政管理机构设置与运行、管理权限、管理制度、管理人员等有机构成，其核心是各级行政机构的权力和职责划分（朱江涛，卢向虎，2016；王晓强，2020）。目前，国家级新区的行政管理体制大体可以分为以下三种类型：

第一类是政府型。上海浦东新区、天津滨海新区在设立之初，采取的是"领导小组（开发办公室）—管委会体制"，随着新区的开发建设加速推进，企业、机构、人口等都逐渐增长，国家级新区的经济建设、社会管理、公共服务、城市建设等方面的职能亟待完善。经国务院批准成立区级政府，赋予新区相应的行政管理权限，统一管辖新区经济建设、社会管理和公共服务事项。这种管理体制的优点在于新区法律主体地位明确，政府机构健全，拥有完整的行政管理权限和较高的管理效率，协调起来较为顺畅，监督管理较为有力。但是也存在一些弊端，如管理机构庞杂、管理人员过多、管理成本较高等。

第二类是政区合一型。这种类型是指国家级新区的规划范围均与所在行政区范围重合，青岛西海岸新区、广州南沙新区、浙江舟山群岛新区、大连金普新区采取的这种模式。国家级新区管委会与所在行政区政府合署办公，原行政区名称和国家级新区名称同时保留，内设机构基本保持行政区管理机构的编制和职能，管理人员基本保持不变。这种管理体制的优点是能充分发挥原行政区的行政效能和体制优势，在新区范围内实现统一规划、建设和管理，又能够按照开发建设国家级新区的要求，下放省级管理权限，进一步提高新区行政管理效率。但在政区合一中，国家级新区管委会的统筹与协调力度会显得较弱。

第三类是管委会型。在 19 个国家级新区中，除 2 个政府型和 4 个政区合一型管理体制外，其他 13 个新区均实行管委会型行政管理体制。国家级新区管委会是地方政府派出机构，代表地方政府在新区内行使管理权限，负责新区在开发建设中的有关事宜，包括制定与实施发展规划、管理土地与项目、开展招商引资等经济职能，新区所在的行政区负责辖区内的社会事务管理；省直属税务、市场监管等部门在新区设立派驻机构。这种管理体制具有一些优势，新区管委会拥有部分省市级开发建设管理权限，机构设置灵活，一般情况下大多为大部制，人员精干高效，能便于集中精力进行开发建设。但也有不足之处，新区管委会作为政府派出机构，不具有行政主体资格，难以理顺行政、财政、土地等管理体制，大都以授权或委托的方式获得相应的管理权限；管委会工作往往侧重于开发建设与经济管理，社会事业发展与管理服务相对不足三种不同类型的国家级新区管理体制，见表 2.2。

表 2.2　　三种不同类型的国家级新区管理体制

类型	政府型（2 个）	政区合一型（4 个）	管委会型（13 个）
新区	上海浦东新区、天津滨海新区	广州南沙新区、浙江舟山群岛新区、青岛西海岸新区、大连金普新区	重庆两江新区、兰州新区、陕西西咸新区、贵州贵安新区、四川天府新区、湖南湘江新区、南京江北新区、福州新区、云南滇中新区、哈尔滨新区、长春新区、江西赣江新区、河北雄安新区
管理机构	一级行政区，设区委、政府、人大、政协	新区规划范围均与所在行政区范围重合，新区管委会与所在行政区政府合署办公	地方政府派出机构，成立管委会

注：资料来源于《国家级新区体制与政策比较研究》。

2.2　国家级新区的经济发展现状

国家级新区的经济发展现状将从整体概况、财政收入、投资消费、对外开放以及引进项目几个方面进行描述分析，以展现经济发展的具体情况。

2.2.1　地区生产总值

国家级新区总体经济实力不断增强，2018 年，18 个新区（除河北雄安新区）地区生产总值约 4.25 万亿元，占全国经济比重约为 4.7%。从地区生产总值来看，各新区经济发展水平差异较大，上海浦东新区和天津滨海新区的经济总量位居前两位，且与其他新区差距明显。上海浦东新区、天津滨海新区经济总量在7000亿元以上，重庆两江新区、青岛西海岸新区、大连金普新区、四川天府新区、湖南湘江新区、南京江北新区经济总量在2000亿~4000亿元，兰州新区、贵州贵安新区、陕西西咸新区、云南滇中新区、哈尔滨新区、长春新区、江西赣江新区经济总量在1000亿元以下，还处于起步阶段。上海浦东新区、天津滨海新区、重庆两江新区经济总量占所在省（市）的比重超过10%。上海浦东新区、天津滨海新区、重庆两江新区2018年地区GDP分别为10461.59亿元、7193.45亿元、2933.43亿元，占所在省（市）比重分别为32%、38.2%、14.4%。各新区地区生产总值情况，见表2.3。

表2.3　　　　2018年各国家级新区地区生产总值

新区名称	所属省份（直辖市）	GDP总量（亿元）	占所在省（市）比重（%）
上海浦东新区	上海市	10461.59	32.0
天津滨海新区	天津市	7193.45	38.2
重庆两江新区	重庆市	2933.43	14.4
浙江舟山群岛新区	浙江省	1316.70	2.3
兰州新区	甘肃省	205.00	2.5
广州南沙新区	广东省	1458.40	1.5
贵州贵安新区	贵州省	138.30	0.9
陕西西咸新区	陕西省	381.94	1.6
青岛西海岸新区	山东省	3517.10	4.6
大连金普新区	辽宁省	2437.90	9.6
四川天府新区	四川省	2714.10	6.7
湖南湘江新区	湖南省	2300.22	6.3
南京江北新区	江苏省	2528.00	2.7
福州新区	福建省	1838.08	5.1
云南滇中新区	云南省	623.40	3.5
哈尔滨新区	黑龙江省	768.40	4.7
长春新区	吉林省	960.00	6.4
江西赣江新区	江西省	733.90	3.3

注：数据来源于《国家级新区发展报告2019》。

2018 年，绝大多数新区地区生产总值增速继续领先所在省（市）的平均水平。其中，上海浦东新区、天津滨海新区、重庆两江新区地区 GDP 增速分别为 8.0%、4.4%、4.2%。兰州新区、陕西西咸新区经济增速高出所在省平均水平 5 个百分点以上；四川天府新区、南京江北新区、福州新区、云南滇中新区、哈尔滨新区、江西赣江新区等经济增速比上年有所提高。陕西西咸新区、大连金普新区增速与上年持平。兰州新区、贵州贵安新区、陕西西咸新区、四川天府新区、湖南湘江新区、南京江北新区、福州新区、云南滇中新区等新区地区生产总值保持两位数增长，同比分别增长 16%、13.3%、13.1%、12.9%、11.3%、10.6%、10.5% 和 10.1%。各新区地区生产总值及其增速情况如图 2.1 所示。

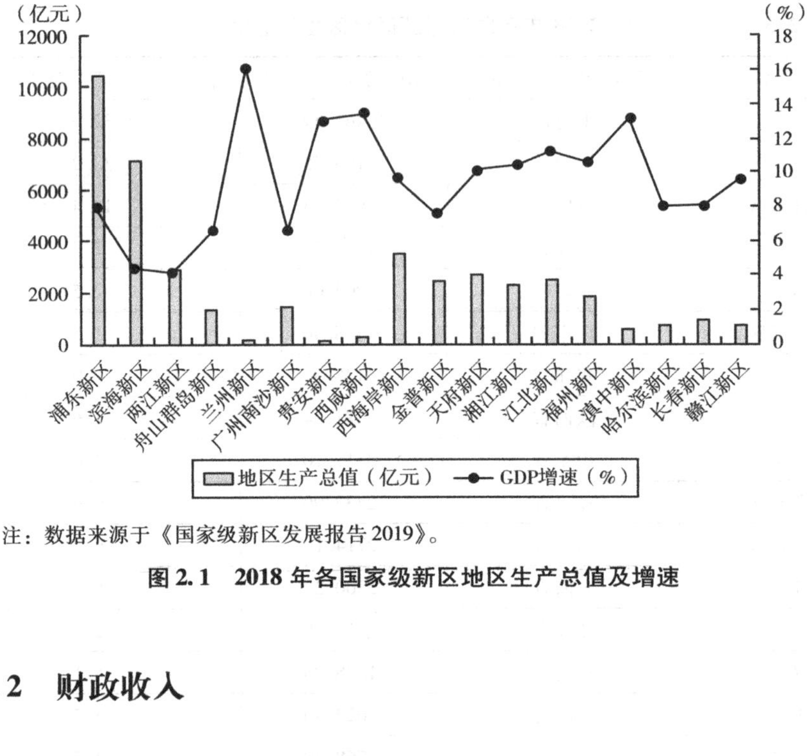

注：数据来源于《国家级新区发展报告 2019》。

图 2.1　2018 年各国家级新区地区生产总值及增速

2.2.2　财政收入

图 2.2 报告的是 2018 年各新区地方一般公共预算收入及其增速情况。2018 年，新区一般公共预算收入约 4000 亿元，增长 8.5%，超过全国平均水平 23 个百分点。其中，浙江舟山群岛新区、兰州新区、贵州贵安新区、陕西西咸新区、四川天府新区、湖南湘江新区、南京江北新区、云南滇中新

区、哈尔滨新区、长春新区、江西赣江新区等一般公共预算收入增速继续维持在两位数。上海浦东新区一般公共预算收入突破千亿，天津滨海新区、重庆两江新区和湖南湘江新区一般公共预算收入均超过 300 亿元。

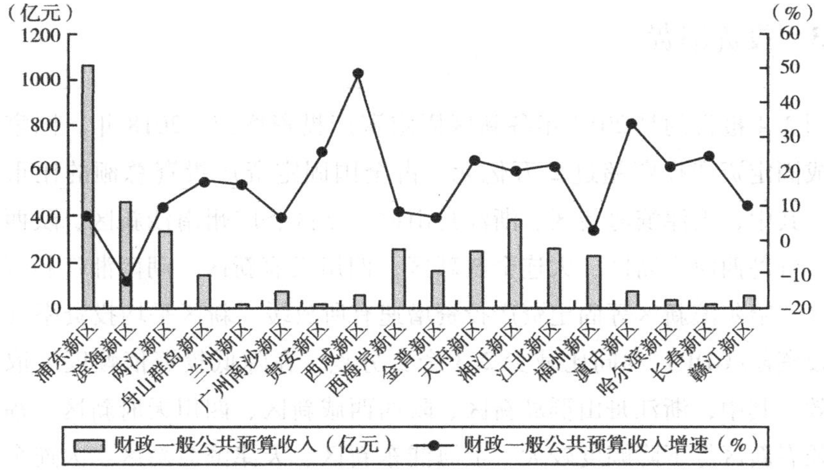

注：数据来源于《国家级新区发展报告 2019》。

图 2.2　2018 年各国家级新区地方一般公共预算收入及增速

图 2.3 报告的是 2018 年各新区财政依存度。2018 年，新区财政依存度（一般公共预算收入/地区生产总值）为 9.2%。其中，上海浦东新区、重庆

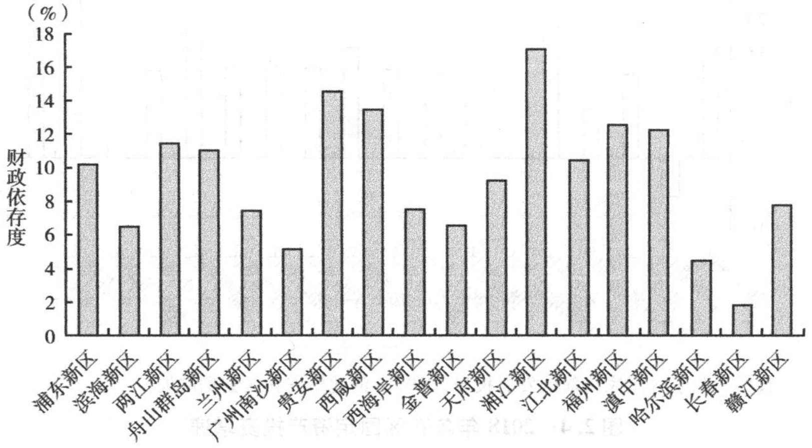

注：数据来源于《国家级新区发展报告 2019》。河北雄安新区数据缺失。

图 2.3　2018 年各国家级新区财政依存度

两江新区、浙江舟山群岛新区、贵州贵安新区、陕西西咸新区、湖南湘江新区、南京江北新区、福州新区、云南滇中新区等财政依存度高于10%，湖南湘江新区达到17%。

2.2.3 投资消费

图2.4报告的是2018年各新区固定资产投资增速。2018年，国家级新区完成固定资产投资超过2万亿元，占全国固定资产投资总额的比重超过33%。其中，天津滨海新区、浙江舟山群岛新区、广州南沙新区、陕西西咸新区、青岛西海岸新区、大连金普新区、四川天府新区、湖南湘江新区、福州新区、哈尔滨新区等固定资产投资增速有所放缓。新区平均投资率（固定资产投资额/GDP）约同比减少2.3个百分点，在降低投资依赖度上取得积极成效。其中，浙江舟山群岛新区、陕西西咸新区、四川天府新区、福州新区、长春新区等下降幅度较大。上海浦东新区、天津滨海新区、大连金普新区等平均投资率在20%左右，长春新区平均投资率在35%左右。

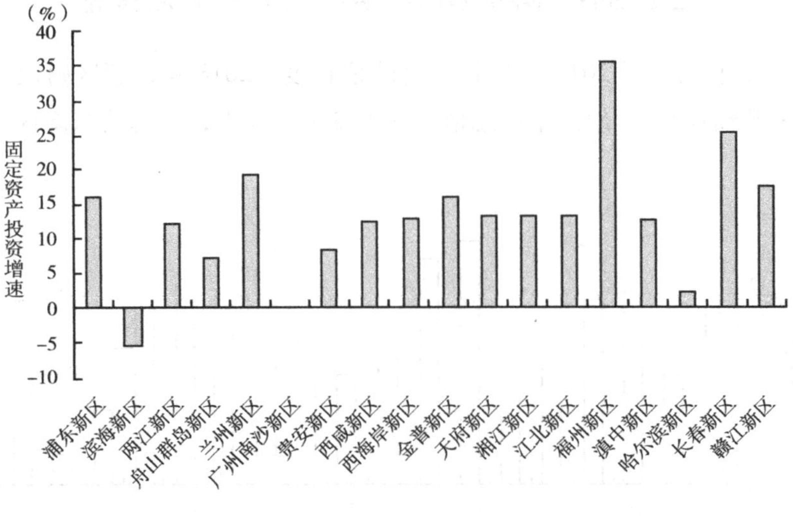

注：数据来源于《国家级新区发展报告2019》，河北雄安新区数据缺失。

图2.4 2018年各新区固定资产投资增速

2018年，国家级新区社会消费品零售总额超过万亿元，同比约增长10.9%，高于全国平均水平1.9个百分点。其中，重庆两江新区、青岛西海岸新区、湖南湘江新区、南京江北新区、福州新区、云南滇中新区、江西赣江新区社会消费品零售总额增速达到两位数，见表 2.4。国家级新区平均消费率（社会消费品零售总额/GDP）约为 26%，比上年提高约 2.8 个百分点，呈持续上涨态势。其中，贵州贵安新区、浙江舟山群岛新区的消费率增长幅度超过 100%，消费对新区经济的拉动作用日益增强。

表 2.4　2018 年各国家级新区社会消费品零售总额及增速

新区名称	社会消费品零售总额（亿元）	增速（%）
上海浦东新区	2312.51	5.1
天津滨海新区	1024.56	-5.8
重庆两江新区	—	11.0
浙江舟山群岛新区	536.90	8.7
兰州新区	—	—
广州南沙新区	208.77	6.0
贵州贵安新区	74.75	8.0
陕西西咸新区	274.39	—
青岛西海岸新区	643.3	11.1
大连金普新区	743.90	7.5
四川天府新区	—	—
湖南湘江新区	815.28	12.1
南京江北新区	738.60	11.40
福州新区	725.60	11.6
云南滇中新区	163.24	10.0
哈尔滨新区	218.6	4.9
长春新区	—	—
江西赣江新区	201.89	12.0

注：数据来源于各新区统计年鉴、发展报告、工作总结及各省市统计年鉴。

2.2.4　对外开放

国家级新区对外贸易持续发展，对外开放不断扩大。2018 年，绝大多数新区进出口总额均保持正增长，见表 2.5。其中，浙江舟山群岛新区、湖南湘江新区、江西赣江新区等进出口总额增速超过40%；上海浦东新区进出口总额超过两万亿元，天津滨海新区和广州南沙新区等进出口总额均超过2000亿元。国家级新区实际利用外资也逐步提升。2018年，国家级新区实际利用外资接近2000亿元，是我国吸引外资的重要功能平台。其中，上海浦东新区、贵州贵安新区、青岛西海岸新区、大连金普新区、湖南湘江新区、南京江北新区、江西赣江新区等实际利用外资比上年均有所增加。

表2.5　2018年各国家级新区进出口、实际使用外资总额及增速

新区名称	进出口总额		实际使用外资	
	总量（亿元）	增速（%）	总量（亿美元）	增速（%）
上海浦东新区	20582.68	5.20	81.05	3.6
天津滨海新区	2005.09	11.3	34.50	-56.8
重庆两江新区	—	—	—	—
浙江舟山群岛新区	1135.50	44.9	4.20	—
兰州新区	—	—	—	—
广州南沙新区	2063.90	5.8	9.74	-6.5
贵州贵安新区	—	—	4.40	15.0
陕西西咸新区	—	—	3.72	—
青岛西海岸新区	1871.50	5.3	20.00	4.00
大连金普新区	1066.70	5.5	22.20	9.4
四川天府新区	—	—	—	—
湖南湘江新区	357.52	49.10	14.96	14.00
南京江北新区	391.60	9.30	12.05	9.30
福州新区	—	—	—	—
云南滇中新区	—	—	—	—
哈尔滨新区	—	—	23.3	—
长春新区	—	—	—	—
江西赣江新区	238.86	49.1	11.45	10.6

注：数据来源于各新区统计年鉴、发展报告、工作总结及各省市统计年鉴。

2.2.5　引进项目

对国家级新区在建设过程中引进项目，我们对引进项目进行了大致的汇总，其中对于引进的重点项目共包括 960 个，当然由于人为因素会存在误差，但我们尽量减少这种误差。在 19 个国家级新区的引进项目与企业的整体分布中，涉及 70 个行业共 960 个企业和项目。我们把国家行业分类的 97 个行业大致划分为 25 个大类行业，有些行业因为引进项目较少，所以把它们划分成一个大类。具体行业划分如下：采矿业、电、热、燃供应业、房地产业，农、林、牧、渔业，社会组织、电子设备制造业、建筑业、运输邮政业、教育、金融业、其他服务业、科学研究业、批发零售业、汽车制造业、其他制造业、食品加工制造业 、公共设施管理业、卫生和社会工作、文化、体育娱乐业、信息服务业、医药制造业、重化工业、住宿和餐饮业、装备制造业、租赁和商务服务业。

所引进项目总体情况，在所调查的 960 个项目中其中上海浦东新区、天津滨海新区、重庆两江新区、湖南湘江新区以及长春新区引进重点项目较多，分别为 200 个、96 个、96 个、71 个、60 个项目，共计 523 个项目占总体新区引进项目的 54%，从图 2.5 中可以看出排名靠后的新区包括河北雄安新区、贵州新区和福州新区由于设立新区时间比较晚，新区管理方式还不够成熟等其他因素，所以引进项目较少。

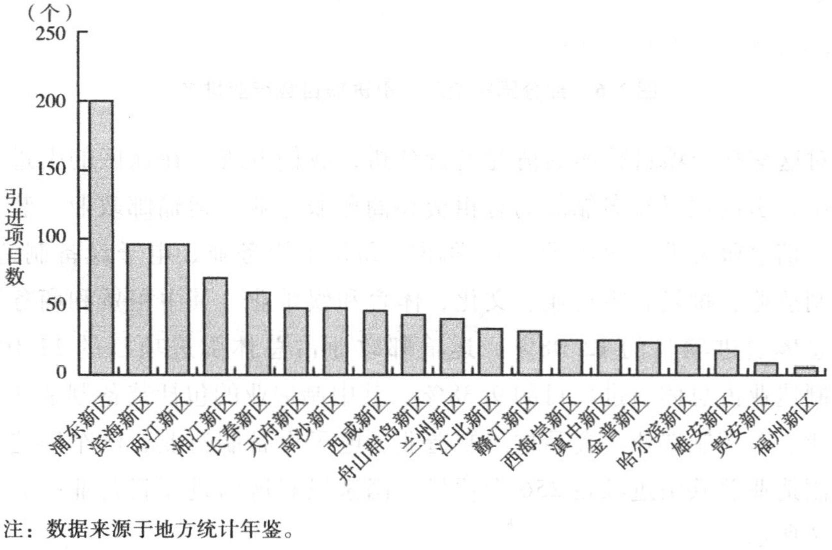

注：数据来源于地方统计年鉴。

图 2.5　各国家级新区引进项目数量排行

从图 2.6 可以看出上海浦东新区、天津滨海新区、重庆两江新区、湖南湘江新区和长春新区这 5 个新区，所引进项目中引进项目排名靠前的行业包括租赁和商务服务业、装备制造业、金融业、运输邮政业、信息服务业等行业，从这些行业可以看出引进项目的行业大多属于二、三产业，其中制造业、服务业是引进项目中的主导力量，从侧面反映这 5 个新区的二、三产业比较发达。

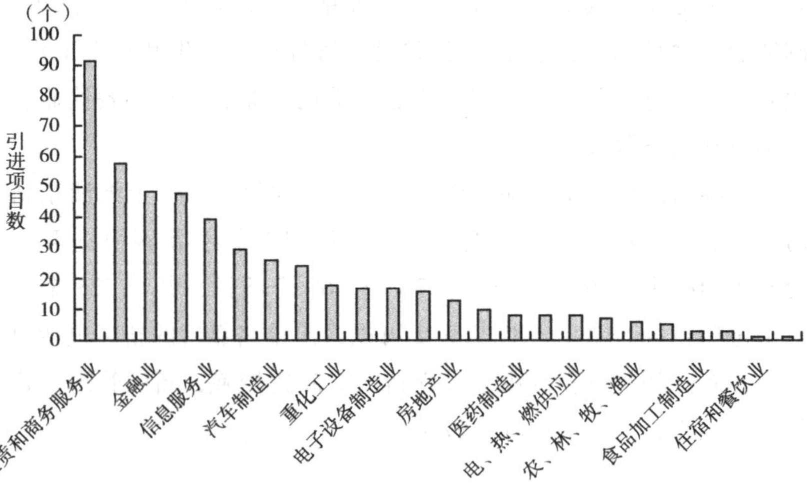

注：数据来源于地方统计年鉴。

图 2.6　部分国家级新区引进项目数行业排名

对这 960 个项目整体的情况进行分析，我们发现，在新区的引进项目过程中，引进项目排名靠前的有租赁和商务服务业、运输邮政业、装备制造业、信息服务业、金融业、科学研究和技术服务业、电子设备制造业、汽车制造业、批发和零售业、文化、体育和娱乐业。其中租赁和商务服务业占总体引进项目的 12.08%，运输邮政业占总体引进项目的 11.04%，装备制造业占总体引进项目的 9.38%。其中制造业的包括装备制造业、重化工业、医药制造业、食品加工制造业、电子设备制造业、汽车制造业和其他制造业总共引进项目 256 个项目。国家级新区引进项目行业排名，如图 2.7 所示。

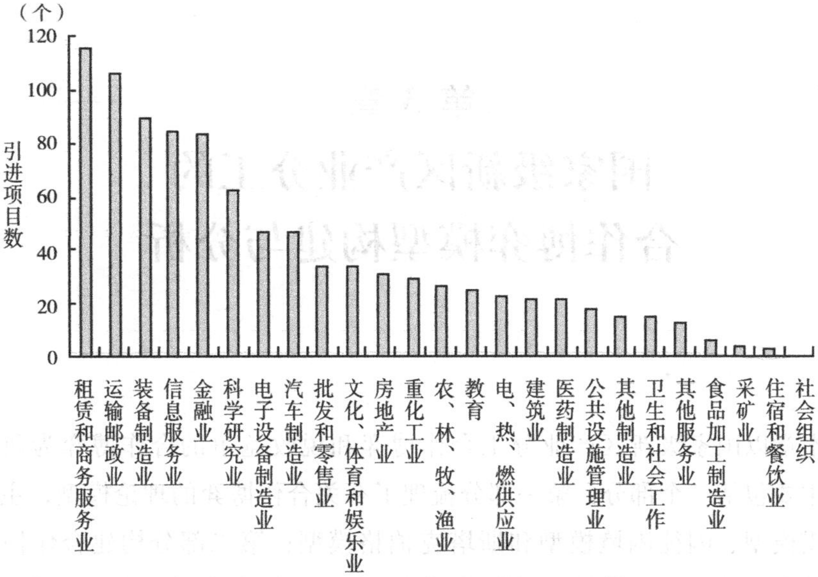

注：数据来源于地方统计年鉴。

图 2.7　国家级新区引进项目数行业排名

2.3　小　　结

本章首先介绍了国家级新区的基本概况，从设立历程、地理分布、规划面积、功能定位以及管理体制五个方面入手，进行了全面的梳理，展现了国家级新区的发展情况。国家级新区建设卓有成效，具有重大现实意义和深远历史意义，落实深化了改革发展任务和对外开放的重大部署。其次，分析描述了国家级新区的经济发展现状，主要包括地区生产总值、财政收入、投资消费、对外开放以及引进项目的具体分析，表明国家级新区总体经济实力正在不断增强，各新区经济发展水平差异较大。新区一般公共预算收入大幅超过全国平均水平，固定资产投资占全国比重较大、社会消费品零售总额超过万亿元。与此同时，国家级新区对外贸易持续发展，对外开放不断扩大、不断引进新项目。

第 3 章
国家级新区产业分工的合作博弈模型构建与分析

本章以国家级新区产业分工合作博弈和税收竞争的合作博弈为研究主题，主要包括三个部分：第一部分梳理了有关合作博弈的理论模型，主要包括古诺模型、囚徒困境模型和斯塔克伯格模型；第二部分构建合作博弈模型，从产业结构升级视角对国家级新区企业之间的合作博弈进行分析；第三部分构建合作博弈模型，从税收竞争视角对国家级新区政府之间的合作博弈进行分析。

3.1 合作博弈理论模型

3.1.1 古诺模型

3.1.1.1 古诺模型理论概述

古诺模型由法国经济学家奥古斯丁·古诺（Augustin Cournot）于 1838 年在分析双寡头行为时提出的理论，这是最早、也是最经典的模型。其目标是让参与者通过选择一种输出策略来最大化他们的利润函数（符建华等，2019；彭桥等，2020），参与者同时行动，该模型在静态博弈条件下具有完整信息。古诺模型的初始条件假设是同质产品在信息市场上双向博弈，学者们在此基础上丰富发展了更多的古诺模型，以使该模型更适合实际的市场竞争。拓展的方向基本包括四方面：一是从两方“双寡头”竞争推广到三个及以上参与方的“多寡头竞争”；二是从产品同质化竞争推广到产品异质及差异化竞争；三是从完全信息市场推广到不完全信息市场；四是考虑厂商决策往往并不同步，将静态博弈推广到动态博弈。

3.1.1.2 经典古诺模型

（1）产量竞争的古诺模型。

古诺模型也称为古诺双寡头模型或双寡头模型。古诺模型是早期的寡头模型，1838 年，法国经济学家古诺（Cournot）提出了该模型。它是最早应用纳什均衡的版本，古诺模型分析的起点通常是用寡头垄断理论。在古诺模型中，只存在两个寡头厂商，因此该模型也称为“双头模型”。

经典古诺模型假设：市场上只有 A 和 B 两家制造商，他们生产的产品是同质化的，生产该产品的成本为零；这两家制造商 A 和 B 都对市场需求曲线有准确的了解，并且该市场需求曲线是线性的。如果知道对方的产量，即每个制造商都在被动地使用自己的产量，则制造商 A 和 B 都将确定最有利可图的产量适应另一方的既定结果。

假如寡头市场上有 n 个制造商，我们可以看到每个制造商的均衡产出为 $\frac{1}{n+1}OB$，总产出为$\frac{n}{n+1}OB$。若是在完全竞争的市场条件下，制造商数目越多，单个制造商的产量就会越少，总产量$\frac{n}{n+1}OB$ 就越高。若是在完全垄断的市场条件下，制造商的总产量就变成了$\frac{1}{2}OB$。因此可以看出，寡头市场的总产量小于完全竞争条件下市场的总产量，却大于完全垄断条件下市场的总产量，随着竞争的加剧，产量将增加。

（2）价格竞争的古诺模型。

就寡头生产同质产品的情况而言，他们进行的竞争属于产量竞争而非价格竞争，例如，大多数能源生产商之间的竞争是产量竞争。但如果寡头生产有所差别的同一类产品，例如，汽车制造商之间的竞争主要是价格竞争。下面将通过一个简单的示例来展示价格竞争的古诺模型。

图 3.1 中的两条直线 $P_1(P_2)$ 与 $P_2(P_1)$ 分别是寡头 1 和寡头 2 的反应曲线。两条区域线的交点 E 是古诺平衡点。从此示例看出，在两个寡头的价

格竞争中，两个寡头收取的价格是相同的，不存在价格差异，这看起来可能并非是价格竞争。应该注意的是，两个寡头垄断者收取相同的价格是一个巧合。价格竞争的结果是，寡头垄断者可能收取相同或不同的价格。

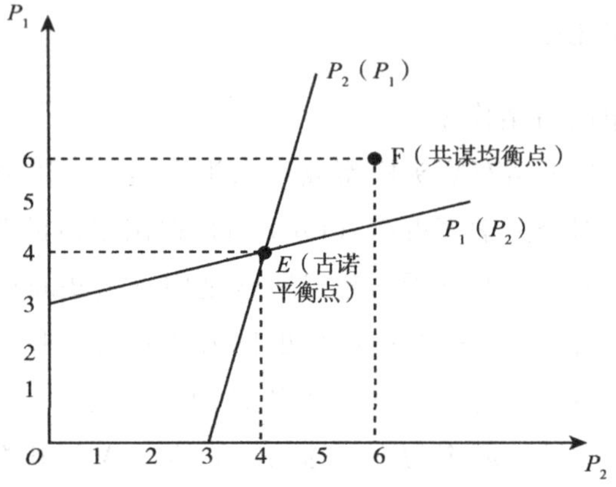

图 3.1　价格竞争的古诺模型

3.1.1.3　其他古诺模型

（1）同类异质产品三方古诺模型。

在经典古诺模型的基础上，Gliari（2000）和 Agiza（2002）引入了公司数量，并为将来将两家公司升级为 n 个公司奠定了基础。彭颖（2015）等在研究天然气网络市场的生产与销售关系时，采用了变分不等式转换方法，运用经典古诺模型建立了中国天然气市场的均衡模型。王立新（2012）构建了三方博弈模型，分析稀土生产、政府部门和国际购买者之间的博弈关系，分析稀土产品定价能力，提出了解决对策。王能发（2014）基于轻微利他均衡的思想，建立了多方参与者古诺博弈模型。在这个模型的基础上，学者们突破了经典古诺模型中关于同质商品和双寡头竞争的限制，将研究范围拓展到针对同类异质产品在三方寡头竞争中。

（2）产品异质及差异化的古诺模型。

David 等（2003）在产品非均质条件下的古诺模型中，将企业产品的种类加入其中，进一步丰富了其研究内容。李长英和宋娟（2006）建立了的双寡头古诺竞争模型，研究高品质和低品质产品制造商之间的博弈关系，并利用数值输出方法来获得所建立模型的均衡值。王玉玲和陈娟（2009）建立了古诺竞争模型，该模型将研究两方同质产品的古诺模型扩展到了研究多方同质产品。他们分析了过程创新的博弈过程，最终得到满足最高私人利益和满足最高社会利益的投资水平，并分析了解决的过程。方海燕（2013）从竞合博弈视角对同类异质产品进行了研究，假如产品差异很小，可以发现采用合作博弈的产品显然是更优的选择。当产品差异很大时，竞争性博弈的效果更好。袁春等（2014）比较了通道选择博弈及其均衡在三种不同情况下的选择。在一般情况下，使用双通道营销的公司为每个通道设置相同的线下和在线定价是不合理的，双通道运营不会达到最佳定价。基于经典的古诺模型，学者们打破了“同质产品”的假设，主要研究了两家公司之间的博弈竞争中，不同技术含量对产品差异化的影响。

（3）不完全信息条件下差异商品古诺竞争模型。

Bertoletti（1996）阐述了古诺博弈在信息不完全情景下的有效性。Merzoni（2000）研究了纳什均衡解在信息不完全条件下的变化。唐慧荣等（2009）建立了信息不完全基础上企业污染控制投资的古诺博弈模型，通过实例仿真计算发现了企业污染控制投资收益的无差异性，为政府在制定污染控制投资决策时提供思路和决策依据。辛宝宝和马俊海（2009）运用系统动力学方法，建立了信息不完全的双寡头非线性古诺竞争模型。帅青红等（2015）依据移动支付市场的现实情况，建立了信息完整的 Cournot 模型和信息不完整的 Cournot 模型，并进行了对比。通过利用相关模型加以分析，提出了适应我国移动支付市场发展需要的运营模型和具体对策建议。

信息不完全的古诺模型是静态贝叶斯博弈的经典示例。使用上述全部信息的静态博弈的古诺模型，都假设制造商对彼此的产出和成本具有完全的了解，并且市场价格是统一的。因此，双方在博弈中的优势是共识，没有秘密。但是，在现实经济中，相互竞争或相互信任的制造商常常认为自己的生产和销售是为自己谋取利益的公司机密，会对其保密，其他制造商很难了解实际情况。因此，关于完全信息静态博弈的古诺模型假设可能与现实情况并不完全一致。在实际的寡头市场产量博弈模型中，不可能共享制造商收益的知识。

（4）混合理性条件下的动态古诺模型。

斯塔克伯格博弈是完全信息的动态博弈，此模型与古诺模型之间的区别在于，它是顺序行动，而不是同时行动，斯塔克伯格博弈模型也是古诺模型的变形。张宇波等（2003）利用各个市场的逆需求函数建立了一个简单的动态古诺模型，假设各个厂商的生产成本各不相同，在此假设基础上引入了预期生产的概念，并修正了该模型。丁扬科等（2017）以斯塔克伯格博弈思想为指导，建立了再制造逆向物流定价模型，提出了复杂的 Nash 均衡解决方案，为决策变量和目标函数的子博弈提供了思路。刁新军等（2008）也在这些条件下进行了研究，他在两种限制制造商地位的情况下，水平和垂直比较了斯塔克伯格和传统 Nash 博弈的均衡结果。李方伟等（2014）在频谱租赁贸易中引入了动态古诺博弈方法，并提出了一套频谱租赁贸易算法，调整频谱价格和用户贸易的收入，使用户效用最大化。甄烨和王文利（2016）分析了在混合理性行为情景下动态古诺模型的演化过程，求解了动态博弈行为方程，并在理性行为下进行了决策。

3.1.2 囚徒困境模型

3.1.2.1 囚徒困境模型理论概述

“囚徒困境”是一种相关的困境理论，由美国兰德公司的 Merrill Flood 和 Melvin Drescher 于 1950 年提出。之后，阿尔伯特·塔克顾问阐述了囚徒方式，并将其命名为“囚徒困境”。囚犯的困境假设每个参与者（即“囚犯”）都是自私的，即寻求最大的自利而并不关心其他参与者的利益，这就是古典经济学中的“理性人假说”。

“囚徒困境”深刻分析了个体理性与集体理性之间的矛盾，也揭示了个体理性自身的内在矛盾，对传统经济学中“看不见的手”的原理提出了严峻的挑战。“囚徒困境”表明许多以利己为目的的行为，带来的结果经常是损人不利己的。传统经济学预期的是双赢的结果，即“既有利于自身也有利于他人”“囚徒困境”的结果与之背道而驰。一般来说，仅仅以个体私益为目的的行为不仅无法实现集体利益最大化，甚至也无法获取个体最大利益，往往带来的结果是两败俱伤（王青斌和贾丹，2016）。

存在大量学者对囚徒困境的博弈分析。如李虹辉和宁健康（2020）分析成渝两地区的财政政策和贸易政策时，指出两地区均实施有利于本地的经济政策，将会造成双输的局面。李拉亚（2016）构建了不对称收益囚徒困境博弈模型，分析央行政策和公众对策互动关系的利益机制。单顺安（2013）从环境税的角度分析发现环境税所涉及的参与人决策博弈存在“囚徒困境”的现象。同时有学者发现囚徒困境的现象也存在于金融产品的定价上，例如，汤吉军（2020）在研究实物期权定价时，就发现国企和民企都有选择立即投资还是观望投资的两种投资方式时，容易造成“囚徒困境”。

3.1.2.2 囚徒困境模型的应用

国家级新区间竞争的囚徒困境模型的建立如表 3.1：

表 3.1　　国家级新区间的博弈矩阵

		新区 B 协作	新区 B 不协作
新区 A	协作	8、8	-11、11
新区 A	不协作	11、-11	-8、-8

（1）参加者：新区 A、新区 B。这里需要对模型中的 A、B 进行两个假设：A、B 都以自身利益最大化为目标；A、B 的策略选择不考虑中央政府的影响。

（2）策略空间：A、B 的策略空间都为：协作、不协作。

（3）博弈次序：A、B 同时选择。

（4）得益：A、B 都选择协作则双方各得益 8；A 选择协作，B 选择不协作，则 A 会因 B 不协作而遭受损失、B 则会因此获取更多的利益，此时 A、B 得益为 -11、11；同理，A 选择不协作，B 选择协作时，A、B 得益为 11、-11；A、B 都选择不协作时，会产生产业重构、恶性竞争等问题，双方得益都会减少，此时 A、B 的得益为：-8、-8（王青斌和贾丹，2016）。

3.1.3 斯塔克伯格模型

3.1.3.1 斯塔克伯格模型理论概述

斯塔克伯格模型或斯塔克伯格竞争是由德国经济学家斯塔克尔伯格

（H. Von Stackelberg）在1930年提出的，是一种序贯博弈模型。斯塔克伯格博弈模型的基本前提是：寡头垄断行业中有两家制造商生产相同的产品，一个寡头是主导者，另一个寡头是跟随者；决定两个寡头所有变量均为产量。简而言之，每个制造商都可以通过选择自己的最佳产量来最大化利润。

斯塔克伯格模型的决策思路为：由于领导型厂商有先动优势，因而会在了解并考虑追随型厂商对自己所选择的产量的反应结果的基础上来决定自己的利润最大化行为决策；而对于追随型厂商来说，其行为方式是在给定领导型厂商产量选择的前提下做出实现自己利润最大化的产量决策。

该决策实质上是一个完全信息动态博弈，即每一参与者都拥有所有其他参与者的特征、策略以及得益函数等方面的准确信息，并且行动上有先后顺序。对于完全信息动态博弈的求解方法是按照逆向归纳法进行的，即动态博弈中的先行动者，在选择行动时必然会考虑后行动者的行为选择，只有处于最后阶段的参与人，才能不受其他参与人的制约而直接做出选择，因而当后面阶段的参与人的选择确定之后，前一阶段的参与人的行为也就相对容易确定了。

3.1.3.2 斯塔克伯格模型的应用

（1）考虑主导权的斯塔克伯格定价博弈模型。

McGuire和Staelin（1983）建立了斯塔克伯格博弈模型，制造商在其中优先考虑批发价格；Gerchak和Dong（2004）将制造商主导的斯塔克伯格博弈模型应用于定价问题中；Jeuland和Shugan（1983）建立了斯塔克伯格博弈模型，其中供应链双方同时进行定价，基于此模型，学者们分析了主导权的影响。Raju和Zhang基于零售主导斯塔克伯格博弈模型分析了制造商如何在零售主导的供应链中进行渠道调整的问题；Geylani分析了零售商的主导地位对制造商的联合促销和广告策略的影响；Dukes分析了零售供应商主导的产品分类策略。国内学者使用航空货运期权的规避风险定价，新产品销售中的动态最优定价、航空公司和旅客之间包含超售因素动态定价，对斯塔克伯格模型进行了研究。斯塔克伯格模型是博弈论中典型的博弈模型，在产量竞争等问题上得到了广泛运用。潘文军和缪林（2020）在研究跨渠道退货的双渠道闭环供应链决策时，运用斯塔克伯格模型，求得均衡点的网上商店直销价格和零售实体商店零售价格的最优解，以实现合作双方的共赢。孙红霞（2017）用斯塔克伯格模型讨论了模糊环境下多企业间的产量竞争博弈。一些学者也对斯塔克伯格模型进行了拓展。蒲勇健等（2020）讨论了斯塔克伯格两阶段模型。Mukaidani 和 Xu（2015）讨论了多跟随者的斯塔克伯格模型。Nakamura（2015）分析了单领导者和多跟随者的斯塔克伯格博弈问题。

（2）同时考虑主导权市场需求随机性的定价博弈模型。

如今，许多学者同时考虑了优势和随机的市场需求。在对分散供应商之间具有竞争力的分散决策组装系统的协同需求下，Jiang 研究了但未考虑供应商主导的斯塔克伯格博弈模型。基于四个随机市场需求函数，SHIR 建立了一个由制造商和零售商主导的斯塔克伯格博弈模型和一个 Nash 博弈模型，在这两个模型中，两者可以同时做出决策，关于对供应链成员收入的影响，研究主要集中在产品供应链上。

（3）考虑一家领导企业领导多家追随企业的定价博弈模型。

孙红霞和李煜（2017）在分析模糊环境下多企业的产量博弈时，认为市场环境的复杂性，增加了市场需求和成本的不确定性，因此运用三角直觉模糊数表示逆需求函数和成本函数，同时假设市场上存在 1 家领导型企业和 $n-1$ 家追随型企业，建立斯塔克伯格模型，最后得出领导企业的最有产量、追随企业的最有产量以及模糊环境市场下的总模糊利润。

（4）考虑斯塔克伯格模型的产品双渠道供应链的定价博弈模型。

周健（2016）等认为，市场上的制造商不仅可以通过供货给零售商，再由零售商出售给消费者取得收入，还可以引进直接销售渠道取得收入，在这种市场环境下，基于斯塔克伯格模型，分别从产品主导消费者行为和渠道主导消费者行为角度，研究最有供应链定价策略。

以上海浦东新区为例建立斯塔克伯格模型，自 1992 年上海浦东新区设立以来，截至目前我国共设立了 19 个国家级新区，范围覆盖东、中、西部以及东北地区。在经济建设和发展过程中，国家级新区作为区域经济的增长极，在争取国家政策和资金支持方面，国家级新区之间形成了竞争关系，各个新区都力图争取最大化的国家政策和资金方面的支持，并为该地区经济发展，争取各种补贴等优惠政策，吸引优质企业在该新区落户，促进区域经济的增长。在此过程中，上海浦东新区作为成立最早、发展经验最丰富的国家级新区，在市场上占主导地位，因其显著的发展成绩和先进的管理模式是其他新区效仿发展的典范，因此符合斯塔克伯格两阶段模型的基本假设。

浦东新区是我国改革开放的前沿阵地，国家和上海市给予了其充足的发展资金、优惠的财政和税收政策、特殊的外商投资政策等，相较于其他国家级新区有明显的优势。在招商引资方面，浦东新区在地理区位、基础设施、交通运输、金融环境、外贸条件、企业补贴、项目审批等方面，相较于其他国家级新区，更有利于吸引投资和更多的国内外优质企业入驻。斯塔克伯格博弈模型如图 3.2 所示：

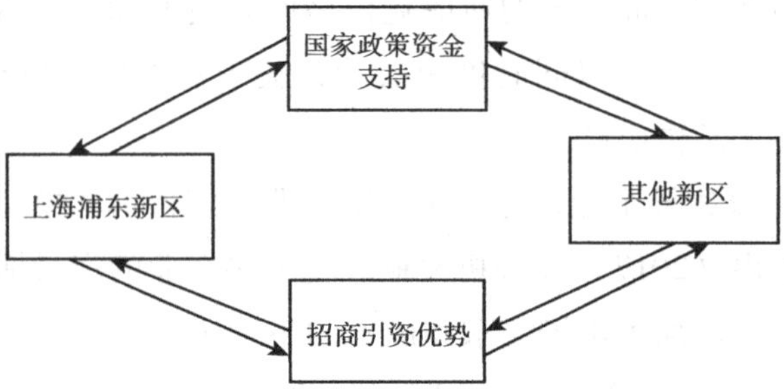

图 3.2　国家级新区之间竞争斯塔克伯格两阶段模型

3.2　国家级新区企业之间的合作博弈分析：基于产业结构升级视角

3.2.1　文献综述

国家级新区不同于一般的经济区和产业园区，它是国家重大发展和改革开放战略任务的综合功能区，国家级新区是政府主导的以产业新城模式为核心的区域发展新空间。其在成立之初往往是“一张白纸”，产业尚未形成规模，科技创新能力较弱，基础设施条件也相对滞后。随着国家区域发展战略由单极驱动转向多极增长，至今国家级新区已经设立 19 个，其区域布局由东部集中转向区域分散，批复目标由战略目的转向解决具象问题的战术目的（薄文广和殷广卫，2017）。国家级新区作为区域的经济增长极，是所在省市和区域的重要产业集聚区，能够促进要素在区域间流动，推动产业结构的优化升级，平衡区域之间的竞争与合作关系（张晓宁和金桢栋，2018）。将产业发展主要驱动的因素作为依据，可将国家级新区分为第三产业主导型，第二产业主导型，二、三产业双轮驱动型（王佳宁和罗重谱，2013）。孙长学等（2015）认为，针对现阶段国家级新区的发展情况，不能简单地评价进而得出哪一种模式更优。王佳宁等（2017）认为，最优的产业体系应该是适合新区发展的，因为新区有自身的产业基础和产业发展要素，应该结合新区的比较优势和实际发展情况而并非盲目追求理论上更优的模式。

在新发展阶段，要实现国家级新区的战略定位和发展目标，就要加速推进国家级新区的产业转型和升级。产业优化升级是国家级新区良性健康发展的核心要素，没有产业支撑的发展是不可持续的。依赖投资拉动是我国长期以来的传统发展方式，很多新区发展初期都采用以房地产开发为先导的发展模式，采用以重化工为主的制造业的产业发展模式，这会在一定程度上导致国家级新区之间产生同质化竞争，不利于国家级新区之间、不同区域之间的协同发展。不同的国家级新区发展基础存在差异，发展目标及面临的问题也不尽相同，因此在产业结构升级的过程中也有不同的路径。雄安新区的发展路径主要依赖知识资本、人力资本，产业发展上布局科技、金融、研发、新型轻资本制造业和现代公共服务业等，这些产业可以充分发挥人力资源优势，并易于向高端价值链延伸发展，也可以与周边区域形成价值链上的差异化竞争格局（叶姮等，2015）；充分运用现代信息技术，大力发展共享经济，将发展成果与周边区域共享（郝寿义，2017）。上海浦东新区集聚了科技、金融等高端要素和资源，推动了要素和产业融合发展，高端制造业发展规模与效益得以提升（彭建等，2015）。朱江涛（2015）认为，西部地区的国家级新区具有相同的设立背景、相似的发展基础、相近的产业结构，在开发建设过程中面临的问题具有一定的共性。因此，在产业布局上更要注重科学性、合理性，产业链布局应符合地方经济社会发展需求，既要发展资本密集型、高技术制造业，又要发展高附加值的劳动密集型产业，更要积极培育战略性新兴产业。部分国家级新区主导产业发展情况见图 3.3。

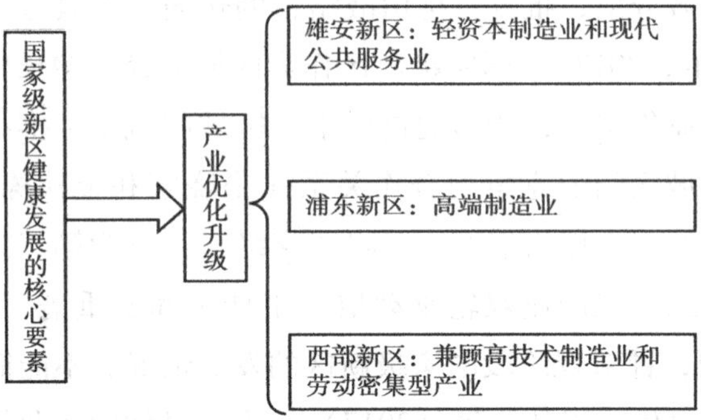

图 3.3　部分国家级新区主导产业发展情况

从以上文献可知，目前的文献大多数都是对单一新区产业结构优化升级进行的分析，结合各自不同的发展基础和实际情况而提出相应的优化策略，但是从企业博弈的角度分析国家级新区企业的技术升级决策和产业结构升级的研究相对较少。此外，国家级新区在招商引资、产业集群发展等诸多方面享受着很多政府优惠和补贴政策。政府的优惠和补贴政策对于国家级新区产业结构的升级存在两阶段效应（Richard C，2011；邓晰隆等，2020），一方面，若优惠和补贴政策力度较小，则补贴对于产业结构升级的边际影响较小；另一方面，如果优惠和补贴政策的程度较大，此时产业结构升级的边际影响会显著地高于第一阶段。

本章以古诺模型为分析框架，通过构建国家级新区企业之间的两阶段博弈模型，探究在不同国家级新区中，企业如何在技术升级决策行为中实现均衡，以及政府补贴对企业技术升级的影响。

3.2.2　博弈模型构建与分析

3.2.2.1　古诺模型描述与构建

古诺模型是早期的寡头模型，是最早应用纳什均衡的版本，古诺模型通常被当作寡头理论分析的源头，在古诺模型中，只存在两个寡头厂商，该模型也被称为“双寡头模型”。

企业的生产和交易行为发生在同一空间，由于地理因素和距离成本的存在，市场可能会发生垄断行为（黄家明等，2000），而在国家级新区中由于各产业本身就具有极强的集群效应（东童童等，2019），也使某一产业的垄断势力演变成了不同新区间的市场结构。因此，本章基于古诺双寡头模型，对于不同地区国家级新区的企业之间关于技术升级与政府补贴的行为展开博弈分析。

以重庆两江新区和四川天府新区为例，两个新区作为两个小市场，两江新区存在企业 A，天府新区存在企业 B。假定在博弈行为的初期，参与博弈的是两家拥有较低技术水平的企业，而两个国家新区为了推动产业结构升级，对两家企业均进行了技术补贴。此时，两家企业开始进行两阶段博弈：第一阶段，企业选择是否接受补贴以提升生产技术水平；第二阶段，两家企业开展无限期的古诺博弈。第一阶段的决策行为决定第二阶段的长期收益水平。进一步，做出如下假设：

假设 1：两江新区中存在企业 A，天府新区中存在企业 B，由于两江新区和天府新区存在同质的市场需求偏好，因此，企业 A 和 B 的生产偏好行为可以表示为：

$$P = a - Q$$

$$Q = q_1 + q_2$$

其中，a 代表市场最大容量，Q 代表市场总产量，$Q < a$，q_1 为企业 A 的市场产量，q_2 为企业 B 的市场产量。

假设 2：设定企业的技术升级成本为 f，包括研发投入、设备购买及人才引进培养等成本。而政府会针对企业的技术升级行为给予一定的优惠政策补贴，补贴率为 s。同时，较低技术企业生产的边际成本设定为 c_L，拥有较高技术企业的生产的边际成本为 c_H，$c_H < c_L$。

假设 3：两江新区中的企业 A 和天府新区中的企业 B，均互相了解对方企业的成本信息，即两家企业在完全信息的条件下开展古诺博弈。且在博弈的初期，两家企业均为低技术企业。

两者博弈可能出现如下几种情况：

（1）当两个企业都是低技术企业时，则企业的收益可以表述为：

$$\pi_A(q_i, q_j) = \pi_B(q_i, q_j) = q_i[P(q_1 + q_2) - c_L] = q_i[a - (q_1 + q_2) - c_L] \tag{3.1}$$

假设两个企业的产量（q_1^*, q_2^*）为古诺双寡头垄断模型中的纳什均衡战略，则 q_i^* 为下面问题的最优解：

$$\max_{0 \leq q_i \leq \infty} \pi_i(q_i, q_j^*) = \max_{0 \leq q_i \leq \infty} q_i [a - (q_i + q_j^*) - c_L] \tag{3.2}$$

可以求得纳什均衡解：

$$q_1^* = q_2^* = \frac{a - c_L}{3} \tag{3.3}$$

两个企业分别获取利润：

$$\pi_A^L = \pi_B^L = \frac{(a - c_L)^2}{9} \tag{3.4}$$

（2）当两个企业都是高技术企业时，同理可以求得两者博弈的均衡结果下的利润分别为：

$$\pi_A^H = \pi_B^H = \frac{(a - c_H)^2}{9} \tag{3.5}$$

（3）当企业 A 为高技术企业，企业 B 为低技术企业时，可以求得两者博弈的均衡结果下的低技术企业与高技术企业的利润分别为：

$$\pi_B^L = \frac{(a - 2c_L + c_H)^2}{9} \tag{3.6}$$

$$\pi_A^H = \frac{(a - 2c_H + c_L)^2}{9} \tag{3.7}$$

（4）当企业 A 为低技术企业，企业 B 为高技术企业时，可以求得两者博弈的均衡结果下的低技术企业与高技术企业的利润分别为：

$$\pi_A^L = \frac{(a - 2c_L + c_H)^2}{9} \tag{3.8}$$

$$\pi_B^H = \frac{(a - 2c_H + c_L)^2}{9} \tag{3.9}$$

具体博弈结果如图 3.4 所示。

3.2.2.2 均衡求解与分析

在博弈开始之初，也就是两江新区和天府新区刚设立时候，新区的主导产业发展方向不明确，产业尚未形成规模，科技创新能力较弱，基础设施条件也相对滞后。因此，假设企业 A 和企业 B 均为低技术企业，开始进行两阶段博弈：第一阶段，企业选择是否进行技术升级；第二阶段，企业之间开展无限期古诺博弈。

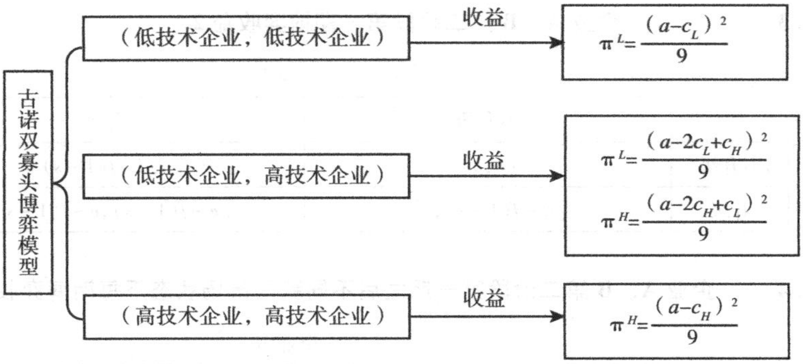

图 3.4　古诺双寡头模型博弈不同情况

我们对此博弈进行逆向归纳求解。首先，对第二阶段的第一期博弈进行分析，见表 3.2。其中，如果企业需要进行技术升级，则企业投入成本设定为 f，政府对于企业的技术升级补贴为 sf，且 $d<e<b<c$，$d-b>e-c$，$a>c_L>c_H$，见表 3.3。

表 3.2　　　　企业 A、B 第二阶段第一期博弈收益 1

		企业 B 不升级	企业 B 升级
企业 A	不升级	$\pi_A^L=\pi_B^L=\frac{(a-c_L)^2}{9}$	$\pi_A^L=\frac{(a-2c_L+c_H)^2}{9}$ $\pi_B^H=\frac{(a-2c_H+c_L)^2}{9}-f(1-s)$
企业 A	升级	$\pi_A^H=\frac{(a-2c_H+c_L)^2}{9}-f(1-s)$ $\pi_B^L=\frac{(a-2c_L+c_H)^2}{9}$	$\pi_A^H=\pi_B^H=\frac{(a-c_H)^2}{9}-f(1-s)$

实行技术升级后的企业不再需要投入升级成本，而且作为一个理性参与者，在博弈的第一阶段决定升级与否时，必定考虑第二阶段博弈的长期收益，如果该企业在博弈的第一阶段决定不进行技术升级，说明从长期来看技术升级是无利可图的，即使在第二阶段无限期的重复博弈中也不会改变决

策。因此在第二阶段博弈第一期之后不同市场状态下，每期博弈收益矩阵见表3.4。

表3.3　　企业A、B第二阶段第一期博弈收益2

		企业B 不升级	企业B 升级
企业A	不升级	(b,b)	$[c,d-f(1-s)]$
企业A	升级	$[d-f(1-s),c]$	$[e-f(1-s),e-f(1-s)]$

表3.4　　企业A、B第二阶段第一期之后不同新区市场状态下每期博弈收益

		企业B 低技术	企业B 高技术
企业A	低技术	(b,b)	(c,d)
企业A	高技术	(d,c)	(e,e)

无限次的重复博弈，采用逆向归纳求解，将表3.3和表3.4的收益进行合并，可以得到双寡头企业第一阶段升级博弈时的收益格局，其中δ表示贴现因子。

表3.5　　企业A、B第一阶段博弈的收益格局

		企业B 不升级	企业B 升级
企业A	不升级	$\left(\frac{b}{1-\delta},\frac{b}{1-\delta}\right)$	$\left[\frac{c}{1-\delta},\frac{d}{1-\delta}-f(1-s)\right]$
企业A	升级	$\left[\frac{d}{1-\delta}-f(1-s),\frac{c}{1-\delta}\right]$	$\left[\frac{e}{1-\delta}-f(1-s),\frac{e}{1-\delta}-f(1-s)\right]$

根据表3.5可以分析双寡头企业A、B关于技术升级的博弈在不同条件下的纳什均衡结果：

（1）为了激励企业进行技术升级，使上述企业关于技术升级博弈的策略组合（升级，升级）成为博弈的纳什均衡点，对每个企业只需满足如下条件：

$$\frac{e}{1-\delta}-f(1-s)\geqslant\frac{c}{1-\delta}\Leftrightarrow\frac{e-c}{1-\delta}\geqslant f(1-s) \tag{3.10}$$

（2）为了使（升级，升级）成为唯一的纳什均衡点，还必须满足如下条件：

$$\frac{d}{1-\delta}-f(1-s)\geqslant\frac{b}{1-\delta}\Leftrightarrow\frac{d-b}{1-\delta}\geqslant f(1-s) \tag{3.11}$$

由于 $d-b>e-c$，式（3.10）满足时，式（3.11）必然满足，即为了使（升级，升级）成为唯一的纳什均衡点，在另一个新区的企业选择进行技术升级时，对企业的补贴和技术进步给企业带来的长期收益都大于企业升级的成本。因此，本章可以得到如下命题：

命题 1：如果某一新区的企业均为高技术生产水平的企业，那么，当企业补贴和技术升级所带来的长期收益会大于企业技术升级的成本。因此，企业的占优策略会为技术升级。同时，政府的补贴越多，意味着，企业选择进行技术进步需要付出的成本越少，也就是说，企业进行技术升级所带来的期望收益越高。

（3）对于两江新区的企业 A 和天府新区的企业 B 而言，如果二者均选择技术升级，那么企业 A 和企业 B 从补贴和技术进步所获得的收益会小于企业技术升级的成本；如果，只有企业 A 或者企业 B 选择进行技术升级，此时，单个企业所得到的补贴收益以及技术进步所得到的长期收益均会大于企业技术升级的成本，如下所示：

$$\frac{e-c}{1-\delta}\leqslant f(1-s) \tag{3.12}$$

$$\frac{d-b}{1-\delta}\leqslant f(1-s) \tag{3.13}$$

此时，双方之间的博弈变成了成为纳什均衡，即（不升级，升级）或（升级，不升级），且进行技术升级的企业利润要高于不升级的企业。当一个企业进行技术升级时，如果另一个企业也进行技术升级，此时由于没有一个企业占据成本优势，双方激烈的竞争会压缩技术升级带来的收益，当企业预期到技术升级的收益不能弥补技术升级的成本时，企业不会选择技术升级。因此，本章可以得到如下命题：

命题 2：对于两江新区的企业 A 和天府新区的企业 B 而言，两家企业均选择对生产技术进行升级，此时两家企业所获得的长期收益会大于企业升级所需要的成本。而同时，如果所有企业都选择升级生产技术水平，则在同一条产业链上的企业之间的竞争会相应更加激烈，进而压缩企业利润，减少企业技术水平升级后的收益。因此，在相同的产业链中，当企业 A 选择技术升级时，企业 B 的最优策略是继续采用较低技术进行生产。

（4）当两江新区和天府新区的企业都进行技术升级时获取的补贴和技术进步的长期收益比企业升级的成本高，且单个企业进行技术升级获取的补贴收益和技术进步的长期收益大于企业升级的成本时，即：

$$\frac{e-c}{1-\delta} \geqslant f(1-s) \tag{3.14}$$

$$\frac{d-b}{1-\delta} \leqslant f(1-s) \tag{3.15}$$

由于 $d-b>e-c$，故上式不可能同时成立，故（不升级，不升级）和（升级，升级）不可能同时成为双方博弈的纳什均衡策略，具体博弈结果如图 3.5 所示。

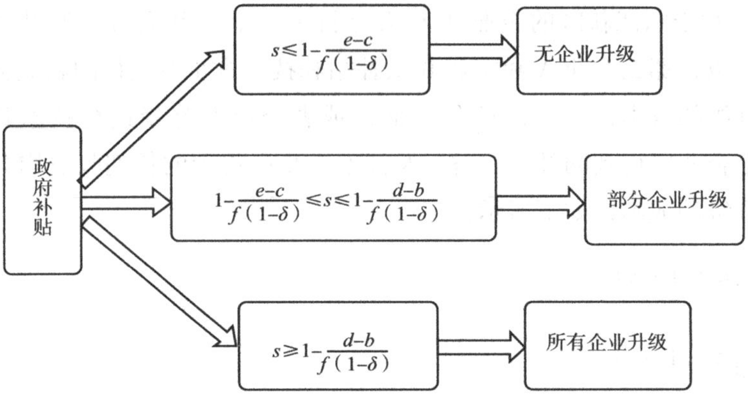

图 3.5　政府补贴对企业升级的影响

3.2.2.3　博弈结论分析

综合上述分析可以得出，当政府对新区内企业的技术投入补贴 $s \leqslant 1-\frac{e-c}{f(1-\delta)}$，则新区内没有企业愿意进行技术升级，政府补贴对国家级新区产业结构升级没有显著促进作用；当 $1-\frac{e-c}{f(1-\delta)} \leqslant s \leqslant 1-\frac{d-b}{f(1-\delta)}$时，会有部分企业选择技术升级，但由于该补贴不能弥补在所有新区企业都采用高技术生产时的技术投入成本，仍然会有部分企业不会选择技术升级，此时政府补贴对产业结构升级具有促进作用，但作用有限；当政府补贴 $s \geqslant 1 - \frac{d-b}{f(1-\delta)}$ 时，政府补贴可以弥补新区企业在所有市场竞争情况下技术升级的成本，所有企业都有权利选择技术升级，此时，政府补贴对新区的产业结构升级的促进作用较大。

3.2.3 案例分析

3.2.3.1 两江新区和天府新区产业结构现状

两江新区规划了“一心四带”的产业发展总体布局，重点发展先进制造业、高端服务业、高科技产业等产业。经过九年的发展，截至2019年，已经形成了汽车制造业、电子信息产业和装备制造业等主要产业。2017年，三大产业产值分别为2687亿元、1415亿元和347亿元，占两江新区工业总产值的85%以上。

重庆两江新区汇聚了全球四大汽车系统，并初步形成一条完整的产业链，将汽车设计与开发、汽车制造、关键和重型零部件支持、分销和物流整合在了一起。两江新区的电子信息产业形成了笔记本电脑、显示器光电、高端电子材料、信息设备以及其他电子信息、注塑、冲压、光学、背光、导光板、偏光片、电子材料等整个产业链的集群。装备制造业形成“6+3”产业发展格局。其中，“6”是指针对动力装备、电力装备、风力发电装备、轨道交通装备、仪器仪表装备和环保装备的六个研发和制造系统。“3”是指重点发展工程、矿用及页岩气装备、航空整机以及机器人智能装备三大领域。

现代制造业和高端服务业是天府新区发展产业的两大支柱。天府新区的规划区已经形成了以电子信息、汽车、新能源和新材料为重点的产业集群。其中，电子信息和汽车产业已初具规模，新能源、新材料产业以及航空航天、生物医药产业已经有一定的产业基础，正逐步形成产业集群。天府新区的现代服务业主要围绕高科技产业和高端制造业的发展需求，促进生产性服务业的综合发展。适应工业和城市的融合以及三位一体的发展要求，大力发展生活服务业和公共服务业，成为城市服务业工业发展的新引擎。将在西部地区建立高端服务业中心，集中高端服务功能，发挥强大的辐射和领导作用。

3.2.3.2 两江新区和天府新区同产业间企业的合作博弈

（1）装备制造业。

随着国际分工的细化和产业组织形式的变化，重庆两江新区装备制造业在承接我国东部地区产业转移的同时也积极调整自身产业结构以融入全球价值链。但由于地处西部，重庆两江新区装备制造业高端技术实力不足，专业化协作程度较低，发展相对滞后。加之制度配套不完善等因素导致其装备制造业产业升级缓慢。而四川天府新区的装备制造业虽然没有两江新区发展历史悠久，没有牢固的工业基础，但其高端产业更加发达，以科技引领产业转型升级，使得两江新区装备制造业在向着智能装备方向升级的时候天府新区能够提供有力的技术支持，并且还能补足相关零件的需求缺口（谢莹，2013）。

根据古诺双寡头模型所述，两江新区和天府新区分别是两个小市场，且两个市场的装备制造业分别存在着垄断企业 A 和 B。此时企业 A 为低技术企业，企业 B 为高技术企业，可以求得两者博弈的均衡结果下的利润分别为：

$$\pi_A^L = \frac{(a - 2c_L + c_H)^2}{9} \tag{3.16}$$

$$\pi_B^H = \frac{(a - 2c_H + c_L)^2}{9} \tag{3.17}$$

进行二阶段博弈后得到命题 1 的结果：即在四川天府新区装备制造业的企业都是高技术企业的情况下，对重庆两江新区同产业的企业补贴和技术进步带来的长期收益大于企业技术升级成本时，进行技术升级会成为两江新区同产业所有企业的占优策略。补贴越大，技术进步带来成本减少的幅度越大，以及贴现因子越高，即企业越看重未来受益，越能促进企业进行技术升级。

因此，两江新区正在积极采取相关激励措施，以降低升级成本。天府新区的装备制造企业需要利用自身的技术优势，积极整合装备制造业的优势资源，促进以装备制造为中心的联合研发与合作支持。在行业技术自主、制造灵活性、成套设备和服务网络的合作下，重点提高设备设计、制造、集成功能，加强关键设备的研发和制造，重点提高关键零部件配套、加工和集成水平，提高产品质量、技术含量和附加值，树立自主品牌，优化装备制造产品结构，共同构筑具有全球影响力和具有国家代表性的装备制造基础。

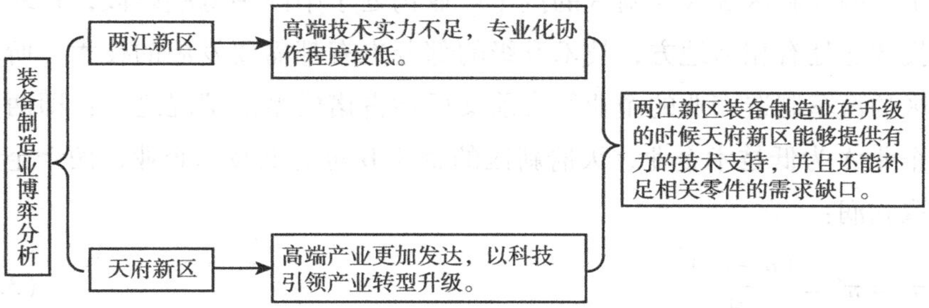

图 3.6　装备制造业博弈分析

在产业升级过程中，两江新区和天府新区的企业，应当加强合作，有条件的企业可以兼并重组，激发发展活力。企业之间可以建立技术创新联盟、战略联盟等，实现创新链价值链融合，推动两地装备制造业的智能化升级和发展。

（2）汽车产业。

重庆两江新区是重要的国内汽车生产基地，该基地采取了“整机 + 零部件”的垂直整合模式，通过积极引进国内外知名品牌公司和汽车高端零部件企业，加快上中下游产业链集聚，形成了较为完整的汽车产业链条，打造汽车产业集群。但是，与东部的其他新地区相比，两江新区地处西部地区，汽车产业发展缺少比较优势。同时，由于中西部地区收入水平较低，对高端车型的消费能力相对较弱，中端和低端车型的需求量更大。因此，汽车制造业主要是针对低端和中端车型，汽车行业还受到单车价格和利润低于全国平均水平，产品附加值和利润较低等问题的困扰，这导致了两江新区汽车产业的发展没有形成强大的竞争力。

四川天府新区的汽车产业是其首个千亿元产业，2015 年天府新区汽车产业生产汽车 92 万辆，全产业总产值 1264 亿元（李雷雷，2017 年）；同期，两江新区汽车总产量为 213 万辆，产值 2547.5 亿元。可以看出，天府新区的汽车工业仍处于发展阶段，远低于两江新区的生产能力。天府新区的汽车产业在装配和加工等方面处于产业链的底端，技术创新对产业发展并没有发挥强有力的推动作用，A 级和 B 级汽车是其主要的汽车产品，产业整体在市场中的定位较为低端，缺少中高端车型，不能满足市场上消费者不断提高的对汽车的需求。

由于两江新区和天府新区的汽车产业仍处于中国中低端阶段，在政府补贴的投放之处有相似地方，技术升级的部分也有都需要发展的技术，所以两个新区的汽车制造产业的企业符合前文所述古诺模型的情况之一：即两江新区的企业 A 为低技术企业，天府新区的企业 B 也为低技术企业，两个企业分别获取利润：

$$\pi_A^L = \pi_B^L = \frac{(a - c_L)^2}{9} \tag{3.18}$$

经过二阶段博弈后，得到命题 2 的结果：当两江新区和天府新区汽车制造业的企业都进行技术升级时，企业获取的补贴和技术进步的长期收益大于企业升级的成本时，会有一部分企业选择技术升级，但是仍然会有部分企业不进行技术升级，此时（升级，不升级）成为一个纳什均衡。因此，在汽车制造产业中，两江新区（天府新区）的企业进行技术升级时，天府新区（两江新区）的企业最好的策略就是继续采用低技术进行生产。

在汽车产业结构升级的过程中，两个新区汽车企业之间的合作要整合高端技术资源，先着重升级某一地区的技术，接着再实现技术共享。依托重庆、成都的科技研发和高新技术产业发展基础，充分发挥两江新区、天府新区创新资源和战略性新兴产业的辐射带动作用，瞄准全球和国家汽车科技创新趋势，坚持引进和培育相结合，合作搭建战略性高端智能汽车产业发展平台，重点突破创新链的关键技术、产业链的关键环节，成为全国重要的新能源和智能网联汽车研发制造基地如图 3.7 所示。

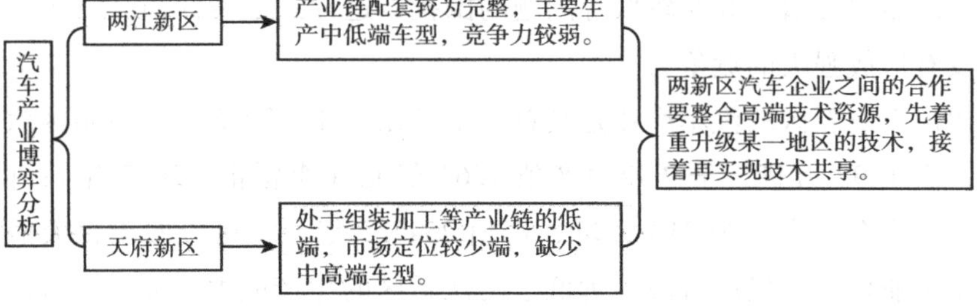

图 3.7　汽车产业博弈分析

(3) 交通运输业。

重庆两江新区是我国长江上游和西南地区重要的集水、陆、空、管道、铁路等多种交通运输方式于一体的综合交通枢纽，发展交通运输业能够为其他产业的发展提供有力的支撑。然而，两江新区地形以山地丘陵居多，这使得交通运输业发展有诸多劣势，例如开挖隧道成本较大、轻轨地铁发展缓慢、长江水运未能充分利用，水运一直呈下降和萎缩态势、港口装卸设施质量差等问题。

相反，四川天府新区地形以平原为主，发展交通运输业相较下有着更多的优势。例如，新区的轨道交通产业依托西南轨道交通国家实验室和牵动力国家重点实验室等科技资源，拥有着强大的科研能力，通过积极开展产学研用合作，实现具有自主知识产权的有轨电车和有轨电车新型钢轨的产业化。新区轨道交通产业的发展得到了政府的大力支持，成都人民政府、西南交通大学和新筑股份有限公司将合作组建城市轨道交通核心技术研究院，致力于解决轨道交通核心技术问题，推动科研成果的转移转化，这些举措为天府新区的轨道交通产业带来很多益处，更好地促进其发展（李磊磊，2017 年）。

在交通运输业中，两江新区的企业 A 为低技术企业，天府新区的企业 B 为高技术企业，根据博弈结果得到进行技术升级会成为两江新区同产业所有企业的占优策略。

所以，在两江新区交通运输业技术升级的过程中，两江新区与天府新区要携手高水平推进交通的互联互通，打造新的内陆大通道，依托双方在中欧班列、蓉欧快铁、航空枢纽、国家物流枢纽等方面的互补优势，全面加强航空协作、铁水联运等方面的合作。第一，建立物流配送中心，充分利用流域中心的四川中部和重庆西部的地理优势，依托交通条件的便利，土地和人工成本相对较低，支持成渝经济区产业集群特色产业的发展和崛起。第二，共同建设交通运输设施，着力发展高铁，共同推进铁路路网建设；联动开发利用长江黄金水道，加强长江、嘉陵江水道和港口建设。降低运输成本，促进川渝经济合作。第三，两江新区与天府新区要充分发挥两地重要节点功能，打造“多枢纽衔接、多口岸联动多通道集聚、多功能配套、多平台叠加”的多式联运体系，建设一批电子、化工、汽车、冷链、粮食等专业物流园区如图 3.8 所示。

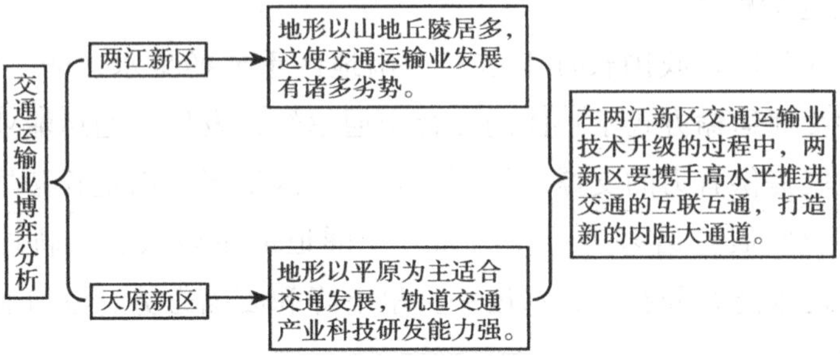

图 3.8 交通运输业博弈分析

两个新区的产业有些相似性，也具有兼容性，同时存在差异性和互补性。两江新区与天府新区应当抓住成渝地区双城经济圈建设的战略机遇和全球产业链供应链深度调整的重要契机，加强合作，优势互补，取长补短，加快推动两个新区的产业朝着集群化、智能化、融合化的方向转型，不断完善产业链条，合力打造优势产业集群，提升产业能级和竞争力。

3.2.4 研究结论

本章基于双寡头垄断模型，探究了国家级新区中政府补贴与产业结构升级之间的关系。认为对于不同地区的国家级新区的企业而言，存在双寡头两阶段动态博弈。在第一阶段，不同国家级新区的企业 A 和企业 B 会决定是否进行技术升级；在第二阶段，企业 A 和企业 B 会进行无限期的古诺产量博弈，进而进行逆向归纳求解均衡。主要研究结论如下：

（1）如果企业 A 和企业 B 均为高技术企业，那么选择技术升级会成为企业 A 和企业 B 的占优策略；（2）如果企业 A 为较高技术企业，企业 B 均为较低技术企业，此时如果二者均选择进行技术升级，那么对于企业 B 而言，它与企业 A 进行竞争时，由于不具备成本优势，企业 B 进行技术升级的成本会高于政府补贴所带来的收益。因此，企业 B 会选择不进行技术升级。此时，对于企业 A 和企业 B 而言，（升级，不升级）成为一个纳什均衡。也就是说，政府对于企业的产业升级补贴，存在 2 阶段效应。当政府补贴小于某个临界值时，政府补贴行为能够促进企业产业结构升级；反之，当政府补贴大于某个临界值时，政府补贴的边际影响会大于第一阶段，此时政府补贴可以有效地促进不同国家新区的企业进行产业结构升级。

以重庆两江新区和四川天府新区作为案例，从产业升级的视角，分析研究了两个新区装备制造业、汽车产业和交通运输业的合作博弈。两个新区的产业应该加强合作，优势互补，协同创新。通过加强合作解决创新要素不足的短板，提高创新能力和产业竞争力，两个新区从竞争走向“双赢”。特别是产业集群内的企业，通过加强合作，发挥规模经济效用，共同提高生产效率和经济效益。

新区的产业是由无数个企业组成的复杂经济网，产业结构的优化升级绝大程度上取决于区域内各企业的技术升级。国家级新区的企业面临的国际国内环境较为复杂，企业之间的技术竞争日趋激烈，技术创新的成本也很高。产品创新的难度增大，产品研发周期长，投入高，风险大，单个企业持续创新的能力有限（柳剑平等，2019）。因此，国家级新区在推动产业结构升级的过程中，对相关企业给予补贴应该掌握适当的度，以此促进新区间资源的合理配置。

3.3 国家级新区政府之间的合作博弈分析：基于税收竞争视角

3.3.1 文献综述

国外关于税收竞争问题研究的至少可以追溯到 Tiebout（1956），他首先提出“财政分权下的地方辖区政府竞争有利于地方公共产品提供效率”这一观点。Brennan 和 Buchanan（1980）认为，竞争将会抑制政府收入最大化。1995 年 Besley 和 Case 构建了“锦标竞争”模型用以研究居民的“用手投票”机制，结论为政府间的竞争会改善社会福利。William（2005）认为，地方政府的激励措施可以抵消部分成本，这样公司搬迁或开设新工厂的可能性就会增加。由 Oates（1972），Mieszkowski（1972），Mieszkowski 和 Zodrow（1989），Krogstrup（2004），Wilson（1986），Wildasin（2004）等为代表的学者，提出了基本标准税收竞争理论，他们认为地方政府支付较低的税率对资本等流动性要素进行相互竞争，这种均衡不会影响资本等要素的空间分布，但是，由于“逐底竞争”，每个地区的税率水平均无效。总结来看，关于税收竞争的研究一方面从理论上考察横向和纵向税收竞争的影响（Boadway and Keen1996；Dahlby，1996；Wrede，1999），而其他研究已开始关注基本税收竞争理论的无效性，如何减少或消除税收竞争的无效性等问题也受到学者们的关注（Zodrow，2001；Sennofaetal，2007）。

国内有关税收竞争问题的研究主要集中在：马骏（1995）研究认为，地方政府税收积极性下降主要原因在于中央政府缺乏动态一致性的税收政策。沈坤荣和付文琳（2006）认为，税收竞争促进了该地区经济和社会利益的最大化，在限制本地资本外流的同时，又使用各种手段吸引该地区以外的资本流入。吕冰洋（2009）从政府征税的激励角度分析税权配置中可能产生的政府层级间外部性问题。汪冲（2011）对税收互动与政府层级之间的纵向税收竞争进行研究，认为中国上级政府基于政治和行政权威对下级政府实施的具有“利维坦特征”的税收驱赶和“挤压”影响。钱学峰等（2012）基于新经济地理学理论，发现中国的地方政府向下的税收竞争仍然是地方政府之间策略性反应的常态。邵明伟等（2015）建立空间联立方程模型，分析了中国2000~2011年的省域面板数据，发现中国各省之间存在不同的税收竞争，但没有引起“逐底竞争”现象。空间集聚降低了公司对税收竞争的敏感性，对企业区位产生锁定效应，并使地方政府和企业获得租金收入。但是，这种关系以及税收竞争的程度和策略具有鲜明的区域特征。

所以，对于地方政府税收竞争的博弈分析存在多种角度，郑春荣（2007）从企业所得税减免的角度出发，分析得出企业所得税的减免有利于效率的提高；沈坤荣和付文林（2006）从中国省际间的税收竞争与博弈行为进行分析；余升国（2018）从中国制造业区域集聚与经济增长的角度，分析税收竞争对其的影响；在财政分权的背景下，杨伊（2007）分析了地方税收竞争有效性的框架，徐超（2015）分析出我国存在策略互补的横向竞争。潘明星（2010）认为，地方政府间竞争的主要表现在地方围绕中央争取资金、项目、优惠政策等方面的支持，地方政府采取各种手段吸引外地的资金、人才、技术等资源，并防止这些资源的外流。地方政府间的竞争必然加剧，税收竞争是重要的竞争内容。

参考已有文献，大多数都是在市场化改革、财政分权和政绩考核的背景下，地方政府进行税收竞争的博弈分析，结合各自不同的发展基础和实际情况而提出相应的博弈优化策略和政策建议，但是在国家新区发展的背景之下，来分析国家级新区地方政府的税收决策以及地方政府之间的税收竞争的研究相对较少。从税收竞争主体的层次来看，一般可以分为纵向税收竞争和横向税收竞争。而国家级新区之间横向税收竞争意味着地方政府之间为了各自利益最大化而采用税收手段进行制度内和制度外角逐行为及其博弈的过程；纵向竞争的实质是地方政府在国家不同级别的新区采取的税收措施，以最大限度地发挥各自的利益。通常，国家级新区差异分类越大，较大一方的国家级新区的地方政府具有“先行优势”，较小一方的国家级新区的地方政府往往是“追随者”，这里国家级新区差异分类的大小以该地区的经济发展状况的综合指标来衡量。因此，在本章中，我们将在国家新区发展的背景下，从地方政府之间的税收竞争角度介绍对博弈模型的分析，在相同分类国家级新区间，用到“完全信息静态博弈”的原理，在差异分类国家级新区间，用到“完全信息的动态博弈”原理，从横向博弈和纵向博弈两个维度来分析国家新区地方政府 A 和 B 的收益大小。

3.3.2 博弈模型构建与分析

首先我们假设：

（1）重庆两江新区（A 表示）、天津滨海新区（B 表示）与四川天府新区（C 表示）参与税收竞争博弈，且都是理性的“经济人”，其目标是自身利益的最大化。

（2）实施税收优惠政策是两个新区政府之间税收竞争的一种手段。

（3）资本是完全流动的，税收优惠政策可以有效地保证其吸引资本。

（4）国家级新区政府之间信息是完全的，即所有参与人都知道博弈的结构、博弈的规则和博弈的支付函数，并且相同分类国家级新区同时选择行动，或者虽然不是同时行动，但是后行者并不知道先行者采取了什么具体行动，差异分类国家级新区选择行动具有先后顺序。

（5）相同分类国家级新区博弈模型具有无穷多个混合策略均衡。

3.3.2.1 相同分类国家级新区间地方政府横向博弈分析

博弈模型可以用于分析新区地方政府间税收竞争的收入效应。实际上，每个参与者的策略选择不是“非此即彼”，而是一个具有特定可能性的选择，然后是另一个具有另一种可能性的选择。在此情景下，参与者的选择不再是简单的策略，而是“混合”策略。参与者的原始策略称为“纯”策略，参与者分配给这些纯策略的概率向量称为“混合”策略。设政府 A 实行税收优惠政策的概率为 p_1，不实行税收优惠政策的概率为 p_2，$p_1+p_2=1$。政府 B 实行税收优惠政策的概率为 q_1，不实行税收优惠政策的概率为 q_2，$q_1+q_2=1$。

分析见表 3.6：

表 3.6　　混合策略纳什均衡　　单位：亿元

政府 A		政府 B：q_1 实施税收优惠	政府 B：q_2 不实施税收优惠
p_1	实施税收优惠	5,7	4,7
p_2	不实施税收优惠	3,8	6,2

在这种情况下，政府 A 和政府 B 的期望支付分别为：

$$
\begin{aligned}
E_A &= 5p_1q_1+4p_1(1-q_1)+3(1-p_1)q_1+6(1-p_1)(1-q_1)\\
&= 5p_1q_1+4p_1-4p_1q_1+3q_1-3p_1q_1+6-6q_1-6p_1+6p_1q_1\\
&= 4p_1q_1-2p_1-3q_1+6\\
&= 2p_1(2q_1-1)-3q_1+6 \qquad (3.19)
\end{aligned}
$$

$$
\begin{aligned}
E_B &= 7p_1q_1+7p_1(1-q_1)+8(1-p_1)q_1+2(1-p_1)(1-q_1)\\
&= 7p_1q_1+7p_1-7p_1q_1+8q_1-8p_1q_1+2-2q_1-2p_1+2p_1q_1\\
&= -6p_1q_1+5p_1+6q_1+2\\
&= 6q_1(-p_1+1)+5p_1+2 \qquad (3.20)
\end{aligned}
$$

所以，由式（3.19）可知，当 $2q_1-1>0$ 时，即 $q_1>0.5$ 时，为了使 E_A 达到最大，应该让 p_1 尽可能的大，但 p_1 最大不能大于 1，于是 $p_1=1$；当 $2q_1-1<0$ 时，即 $q_1<0.5$ 时，为了使 E_A 达到最大，应该让 p_1 尽可能的小，

但 p_1 最小不能小于 0，于是 $p_1=0$；当 $2q_1-1=0$ 时，即 $q_1=0.5$ 时，$E_A=-3q_1+6$，与 p_1 完全无关，p_1 可以取任何值，有 $p_1=[0,1]$。这里，$p_1=[0,1]$ 表示 p_1 可以在 0 和 1 之间去任何值（包括 0 和 1）。

综合以上分析，当政府 B 的期望支付由式（3.19）给出时，其条件混合策略可以表示为式（3.21）：

$$p_1=\begin{cases}0 & q_1<0.5\\ [0,1] & q_1=0.5\\ 1 & q_1>0.5\end{cases} \tag{3.21}$$

由式（3.20）可知，当 $-p_1+1>0$ 时，即 $p_1<1$ 时，为了使 E_B 达到最大，应该让 q_1 尽可能的大，但 q_1 最大不能大于 1，于是 $q_1=1$；当 $-p_1+1<0$ 时，即 $p_1>1$ 时，由于 $0\leqslant p_1\leqslant 1$，所以此时无解，所以 $p_1=0$ 时，为了使 E_B 达到最大，应该让 q_1 尽可能的大，但 q_1 最大不能大于 1，于是 $q_1=1$；当 $-p_1+1=0$ 时，即 $p_1=1$ 时，$E_B=5p_1+2$，与 q_1 完全无关，q_1 可以取任何值，有 $q_1=[0,1]$。这里，$q_1=[0,1]$ 表示 q_1 可以在 0 和 1 之间去任何值（包括 0 和 1）。

综合以上分析，如果政府 B 的期望付款在等式（3.20）中给出，则其有条件混合策略可以表示为式（3.22）：

$$q_1=\begin{cases}1 & 0\leqslant p_1<1\\ [0,1] & p_1=1\end{cases} \tag{3.22}$$

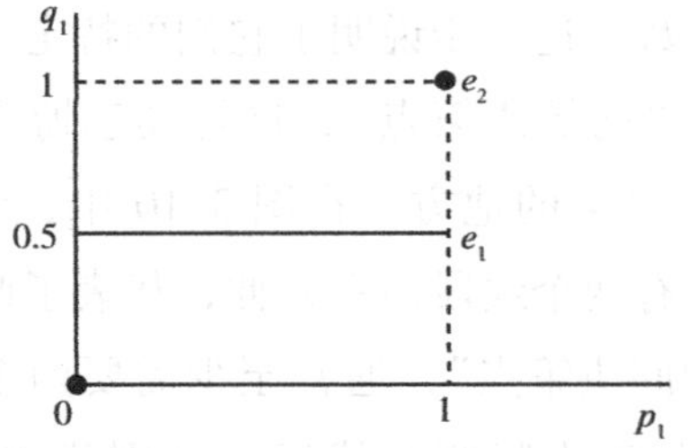

图 3.9　混合策略纳什均衡

如图 3.9 所示，政府 A 和政府 B 的条件混合策略曲线在 e_1 点之上和 e_2 点之下的线段部分重合——重合部分的每一点都代表一个混合策略纳什均衡，整个重合部分代表了无穷多个混合策略纳什均衡。与重合部分相对应的

混合策略组合为 $[(p_1,p_2),(q_1,q_2)]=\{(1,0),([0.5,1],[0,0.5])\}$，即政府 A 总是以 1 的概率选择实施税收优惠（以 0 的概率不实施税收优惠）、政府 B 总是以大于等于 0.5 和小于等于 1 的概率选择实施税收优惠（以大于等于 0 和小于 0.5 的概率选择不实施税收优惠）。其中包括政府 A 以 1 的概率选择实施税收优惠、政府 B 以 1 的概率选择实施税收优惠。这正好是该博弈的纯策略纳什均衡（实施税收优惠，实施税收优惠），并且这个策略是稳定的，双方都没有改变策略的动机。因此，在双方都实施税收优惠时，双方的收益都能有所提高，这表面双方的税收优惠是适度的。适当的税收优惠能够吸引资本流入、增加本地税收收入，同时收益的增加可以完全弥补所产生的成本。

3.3.2.2 差异分类国家级新区间地方政府纵向博弈分析

由于差异分类国家级新区地方政府在市场上吸引资本流入的能力不同，一般而言，分类高的地方政府比级别低的地方政府所获得的有关吸引资金进入本新区的能力强，并且，分类低的政府会根据分类高的政府所做的决策来调整自己的税收政策，增强该新区吸引资金的能力，所以差异分类国家级新区地方政府进行的税收竞争是一个动态博弈。下面以重庆两江新区（A 表示）和四川天府新区（C 表示）作为差异分类国家级新区地方政府的研究对象，引入“博弈树”，进行两新区的博弈分析：

在图 3.10 中，博弈树从左向右延伸。它由几个“点”和“线段”组成。其中，点包括“起点”“中间点”和“终点”。这些点通过线段连接。点和线段旁边的文字和数字进一步说明了它们的特定含义。

“起点”又被称为“初始决策点”，这是动态博弈开始的地方，是博弈中的第一个行动者做出决策的地方。在图 3.10 中，政府 A 首先做出决策，从第一个决策点开始，有两个线段向右延伸，代表了政府 A 可以实施的两种策略。中点也称为“中间决策点”，通常至少需要两个。从政府 C 每一个决策点开始，又可以在右侧绘制两个线段，分别代表“实施税收优惠”和“不实施税收优惠”两种策略。最后指向博弈的“终点”，也就是博弈结束的地方，“终点”既不是初始决策点，也不是中间决策点。终点有两个含义：首先，它代表博弈策略的组合，即从起点到特定终点的所有线段的组合。其次，它代表与特定策略组合相对应一付款组合一在每个终点旁边，是括号中的一组数字，第一个数字是第一位参与者的报酬，第二个数字是第二位参与者的报酬。

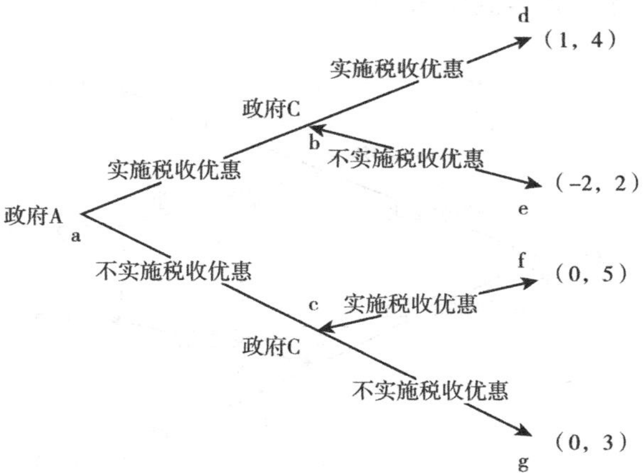

图 3.10　政府 A 与政府 C 的动态博弈分析

在图 3.10 中，除（税收优惠，税收优惠）处于纳什均衡之外，其余战略组合均未处于纳什均衡状态。在其他组合策略中，政府 A、政府 C 或双方都会改变动机，增加自己的支付。在此示例中，只有一个纳什均衡，但是也有多个纳什均衡的情况存在。接下来，我们需要从多重均衡中排除不合理的纳什均衡。这是纳什均衡的“复杂性”，即在许多纳什均衡中，进一步确定了“更好的”纳什均衡。解决该问题的方法称为“逆向归纳法”。这是一个两步过程，从博弈最后阶段的每个决策点开始，确定此时相应参与者选择的策略，然后删除参与者放弃的其他策略，获得原始博弈中最简单的博弈。然后重复第一步以简化博弈，直到最终获得原始博弈中最简单的博弈。这个最简单的博弈是原始博弈解决方案。下面同样可以用逆向归纳法求解含有一个纳什均衡的博弈：

如果政府 A 决定实施税收优惠政策，则政府 C 必须实施税收优惠政策。因此，可以在最后阶段移除四个线段中的第二个（以及随后的终点和付款组合）。另外，如果政府 A 决定不提供税收优惠，则政府 C 也必须明确实施税收优惠或税收优惠，付款金额为 5，比没有税收优惠的付款金额多 3。因此，可以在最后阶段删除四个线段中的第四个。删除以上两个线段可简化政府 A 和政府 C 的博弈模型，如图 3.11 所示。在这个简化的博弈中，政府 A 显然必须选择实施税收优惠政策。如果选择实施优惠税制，则支付金额为1，如果不实施优惠税制，则支付金额将大于0。然后，可以在第一阶段中删除两个线段中的第二个，以得到图3.12。

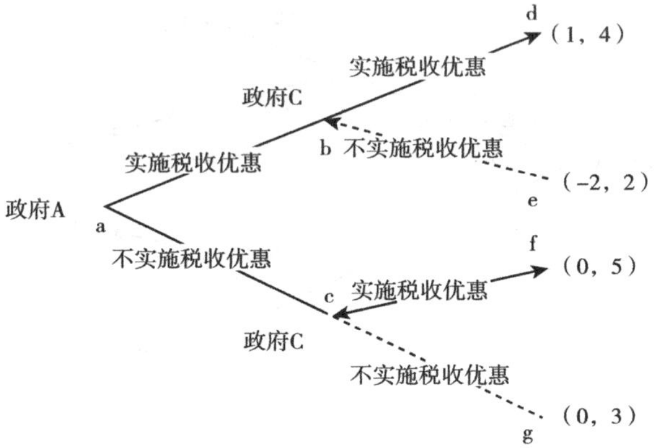

图3.11　简化的政府A与政府C的博弈

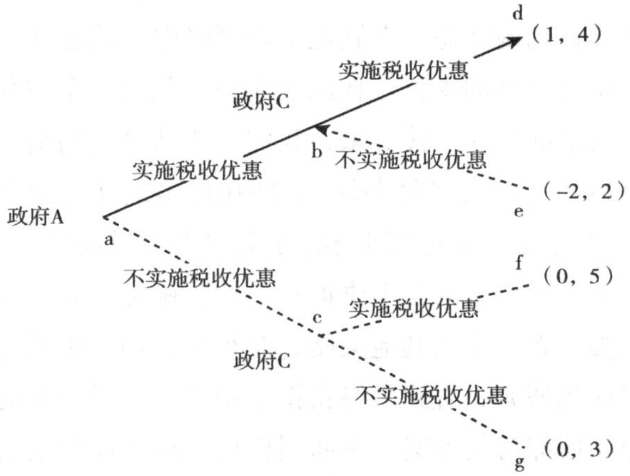

图3.12　简化的政府A与政府C的博弈

最后剩下的图是图3.12，它等效于图3.10和图3.11。该数字（实线）可以看作是图3.11中政府A政府C博弈模型的一种解决方案。政府A选择实施税收优惠政策，政府C选择选择实施税收优惠政策。换言之，策略的最佳组合为（实施税收优惠，实施税收优惠），相应的支付组合为（1、4），即政府A为1，政府C为4。同样，图3.12中的实线表示的向后归纳法（实施税收优惠，实施税收优惠）是图 3.10 中的政府 A 政府 C 博弈中唯一存在的纳什均衡。

3.3.3 研究结论

本节论述了国家级新区之间为吸引资本流入而产生的税收竞争行为。以重庆两江新区、天津滨海新区与四川天府新区为例，对税收竞争的影响进行横向和纵向分析。研究结论如下：

在国家级新区横向博弈分析中，各个参与人面临策略选择时，选择的概率会有差异，即存在混合策略。博弈分析得出，政府 A 总是以 1 的概率选择实施税收优惠（以 0 的概率不实施税收优惠）、政府 B 总是以大于等于 0.5 和小于等于 1 的概率选择实施税收优惠（以大于等于 0 和小于 0.5 的概率选择不实施税收优惠）。所以，即使是混合策略，参与人也会实施税收优惠或者会大概率选择实施税收优惠，以此来吸引资本流入，增强该新区的经济发展。

在国家级新区纵向博弈分析中，参与人策略的选择存在先后顺序，但后行动方仍然会采取实施税收优惠的方式以吸引资本流入，促进该新区经济发展。博弈分析得出，政府 A 和政府 C 都选择实施税收优惠，即最优策略组合为（实施税收优惠，实施税收优惠），相应的支付组合为（1，4），即政府 A 为 1，政府 C 为 4。

3.4 小　结

本章首先梳理了早期的合作博弈理论模型，主要包括古诺模型、囚徒困境模型和斯塔克伯格模型。其次，从产业结构升级视角对国家级新区企业之间的合作博弈进行分析，以古诺模型为分析框架，研究新区企业之间合作博弈情况以及政府对企业技术升级的补贴对企业技术升级的影响。构建国家级新区企业之间的两阶段博弈模型，描述在不同市场状态下的企业关于技术升级决策的均衡状态，认为政府补贴对国家级新区产业结构升级的影响存在两阶段效应。最后，以两江新区和天府新区为例，进行了博弈分析，双方在产业上有些相似性，也具有兼容性，同时存在差异性和互补性。两江新区与天府新区应当抓住成渝地区双城经济圈建设的战略机遇和全球产业链供应链深度调整的重要契机，加强合作，优势互补，取长补短，加快推动两个新区的产业朝着集群化、智能化、融合化的方向转型，不断完善产业链条，合力打造优势产业集群，提升产业能级和竞争力。

从税收竞争视角，构建合作博弈模型，对国家级新区政府之间的合作博弈进行分析。国家级新区之间为吸引资本流入会产生税收竞争行为，以重庆两江新区、天津滨海新区与四川天府新区为为例，对税收竞争的影响进行横向和纵向分析。在国家级新区横向博弈分析中，各个参与人面临策略选择时，选择的概率会有差异，即存在混合策略，参与人会实施税收优惠或者会大概率选择实施税收优惠，以此来吸引资本流入，增强该新区的经济发展。在国家级新区纵向博弈分析中，参与人策略的选择存在先后顺序，但后行动方仍然会采取实施税收优惠的方式以吸引资本流入，促进该新区经济发展。

第 4 章 合作博弈下国家级新区价值链重构影响机理

如何在合作博弈框架下，从双循环和内循环的视角出发，理清国家级新区价值链重构的影响机理是本章的研究主题。国家级新区的价值链重构，是我国产业结构升级、产业布局优化的重要体现，也是我国产业链内部整合、与全球产业链相融合的重要一环。理清合作博弈视角下国家级新区价值链重构的影响机理，有助于政府制定合理的产业政策，企业规划合适的战略目标，充分利用国内和国际市场资源，加快发展速度，提高发展质量，形成以国内大循环为主体、国内国际双循环相互促进的新发展格局。本章包括三个部分：第一部分为产业分工与价值链的理论阐释；第二部分基于内循环视角，探究合作博弈下国家级新区价值链重构影响机理；第三部分基于双循环视角，探究合作博弈下国家级新区价值链重构的影响机理。

4.1 产业分工与价值链的理论阐释

亚当·斯密最早开始对分工进行系统性的研究。在亚当·斯密之后，阿林·杨格、杨小凯等对分工理论的发展进行了研究，做出了重要的贡献。在分工理论的指导下，随着市场经济体制的发展，人类社会在国与国之间交换资源与产品，国际贸易得以发展，逐渐挣脱了国家形式的束缚。因此，国际分工逐渐发展起来。

4.1.1 产业分工理论

4.1.1.1 分工理论的演进发展

在经济学早期，柏拉图、色诺芬是代表人物；古典经济学时期，威廉·配第和亚当·斯密为代表人物；在近现代经济学时期，亚当·斯密、阿林·杨格、杨小凯等具有学术影响力，他们对分工理论研究的较为深入，为后续的研究指明了研究方向。

（1）分工思想的起源。

苏格拉底、柏拉图等一些思想家产生了早期经济思想的萌芽，他们对某些经济现象和问题发表看法，可以看作经济学早期的逻辑起点。柏拉图的《理想国》、色诺芬的《居鲁士的教育》充分体现了他们的分工思想。柏拉图和色诺芬基于当时的经济现象提出了"分工创造效率"的思想。柏拉图提出了"分工有利于提高劳动生产率"，色诺芬提出了"分工受市场规模限制"，他们的这两种思想对后人的研究产生了极为深远的影响。由于受到历史条件的制约，这些想法较为分散零星，不够系统。由此可见，在经济学早期，大师们虽然提出了分工的思想，但是并没有分析分工思想形成的根本原因。

（2）分工理论的基石。

分工在古典经济学中占有重要地位。亚当·斯密在《国富论》中首先提出了分工的概念和内涵。他认为，市场经济的本质属性是分工交换，分工是经济发展的源泉，分工在经济学中处于首要地位。他认为，分工能够使劳动能力提高，节省时间和机器的应用，进而提高劳动生产效率。他以制针工厂为例，细致描述了分工使劳动生产率提高的过程。遗憾的是，斯密关于分工的理论框架是不完善的，但是他提出的分工理论却具有十分重要的意义，是新古典经济学理论的基石。

（3）分工理论的偏离。

新古典经济学不同于古典经济学，区别在于更多的采取了数学分析的方法。从 19 世纪 70 年代边际学派诞生开始，由于难以对分工与专业化问题进行数学处理，经济学家们放弃了对分工理论的进一步研究。新古典经济学不同于亚当·斯密分工内生的观点，假定社会分工结构是外生给定的。马歇尔（1890）将全社会分成纯消费者和纯生产者两部分，这样市场和企业便预先假定存在了。于是，分工不再成为需要研究的问题，经济学研究对象转为既定分工条件下资源优化配置问题。新古典经济学对分工研究的忽视，却无法解释两个基本的问题：为什么厂商的生产效率只取决于厂商规模大小，而与经济社会中分工水平和个人专业化程度没有关系？为什么在既定的资源和生产函数下，如果分工水平上升，企业会提高生产效率？

（4）分工理论的批判与继承。

马克思在斯密的基础上进行研究，批判并且继承了斯密的分工理论，他研究了工场内分工与社会分工之间的联系和区别，并分析了二者之间的交互关系。马克思认为，分工促进生产力发展的原因是分工组织产生的集体力。由于分工合作体系不断发展，工场手工业中新工具逐渐被发明和使用，劳动生产率提高的重要因素是独立生产劳动工具产业的出现。马克思认为，在手工业分工的基础上，资本家为了追求更多的剩余价值，必然会选择较新的生产方式、组织形式，并逐步从手工业向机械工业过渡。在劳动工具方面，使用机器成为主要特点，在这样的生产组织和生产过程中出现了更大、更复杂的劳动分工，分工对技术进步具有促进作用。马克思还认为，分工可以深化促进劳动能力提高，技术经验、人力资本加速积累，进而产生了促进劳动生产率提高的动力。

（5）分工理论的进一步发展。

1889 年庞巴维克首次提出“迂回生产”的概念，之后杨格（1928）指出劳动分工的现代形式就是迂回生产。分工和专业化的不断发展使规模报酬递增得以实现。杨格超越了斯密“分工受市场范围限制”的思想，杨格认为“分工一般地取决于分工”，从而使斯密定理具有动态性。但是，他也没有实现将自己的思想数学化。20 世纪 50 年代，库恩—塔克方法诞生，阐述分工理论和解决专业化决策问题从此有了有效的数学方法与工具。20 世纪 80 年代以来，新兴古典经济学家比如杨小凯、黄有光等，他们使用“超边际分析工具”将分工和专业化思想形式化，在报酬递增的基础上，建立了规范的数理分析框架。从根本上来说，新兴古典经济学继承了斯密思想的本质。根据新兴古典经济学的思想，新技术、新产品、新产业出现的必要条件是大规模、高交易效率的分工网络，分工水平的提高促进新机器的出现、内生技术的进步、人力资本的累积，这些成为推动产业结构的演进的动力和源泉。

4.1.1.2 国际分工方式及其演变发展

产业间分工、产业内分工和产品内分工是国际分工领域的三种主要形式，具有代表性。

（1）产业间分工。

黄晶（2009）认为，分工是资本主义早期阶段产业与产业之间国际分工的主要方式，主要有垂直分工和水平分工两种形式，在国际分工领域一直占据着非常重要的位置，郝俊丽（2010）认为，产业间生产分工模式主要表现在发展中国家生产原材料，发达国家进行工业最终产品的生产。关于产业间分工理论，以下是最具代表性的几种理论：

①亚当·斯密的绝对优势理论。

亚当·斯密认为，分工可以提高劳动技能，从而提高生产效率，创造更多财富。亚当·斯密在此基础上，提出了国际分工的绝对优势理论。他以静态的眼光看待国际分工中的绝对优势，只是将这种绝对优势归因于先天的自然原因和后天的技术进步，认为导致这种绝对优势的原因并不重要。亚当·斯密希望各国政府放弃重商主义的国际贸易管制政策，充分发挥各国的绝对优势，进行自由贸易，基于此提出了绝对优势的国际分工理论。

②大卫·李嘉图的比较优势理论。

比较优势理论可以表述为：两国之间的劳动生产率存在差距，但是这种差距并不是在任何产品上都是相等的。每个国家都应该集中生产并出口具有比较优势的产品，进口具有比较劣势的产品（即“两优相权取其重，两劣相衡取其轻”），双方均可节省劳动力，获得专业化分工提高劳动生产率的好处。比较优势贸易理论极大地发展了绝对优势贸易理论，因为它在更广泛的基础上解释了贸易产生的基础和贸易利益。

③弗里德里希·李斯特国际分工的国民性理论。

弗里德里希·李斯特作为德国历史学派的代表人物，他将经济学划分为世界主义经济学、国家经济学两大类。站在世界生产发展的角度，李斯特认同比较优势、绝对优势理论，但从一个国家生产发展的角度来看，李斯特并不认同李嘉图的比较优势理论，李嘉图的比较优势理论认为，当一国的生产不具有优势时就不能参与国际分工，应该通过其他方法来扶持该国产业的发展，比如制定保护性关税政策等。

④马克思对国际分工理论的批判。

马克思的观点与斯密、李嘉图和李斯特等有所不同，他认为，不同国家之间自然禀赋和比较优势的差异并不是国际产业分工的根本原因，而是由于社会生产力的发展、资本主义大工业的生产方式和运输方法的改进，使国际分工逐渐产生。由此可知，一般的分工理论认为国际分工的根本原因是要素禀赋差异和比较优势等，马克思的国际分工理论思想更加深入，看到了资本主义制度的本质，通过本质发现深层次原因。

⑤赫克歇尔—俄林（H－O）的要素禀赋理论。

20 世纪初，瑞典经济学家赫克歇尔和俄林提出要素禀赋理论，解决了比较优势的来源问题。在他们看来，由于存在要素禀赋差异，因而产生了比较优势，且要素在国与国之间是流动的。要素的流动性意味着国家之间的比较优势也是流动的，不是永恒固定的，会随着要素的流动而变化，而随着要素的流动，生产要素价格也会变化，减少甚至消失，因此国际贸易量也会减少。

⑥扩大的李嘉图比较优势理论。

1977 年，多恩布什、费希尔和萨缪尔森继承了李嘉图的比较优势理论，在此基础之上，纳入更多的变量进来，他们认为国际贸易、国际分工不仅受到比较优势的影响，还将受到技术进步、关税、汇率、工资等的影响，如果国际分工范围的划分完全按照比较优势理论的话，会与实际情况产生很大的偏差。

（2）产业内分工。

国际分工发展到一定阶段，就会从产业间分工逐步渗透到产业内分工。车勇、夏祥国（2006）认为，产业内分工是指国际范围内、相同生产部门内部各分部门之间的生产专业化。随着科技的发展，生产会减少对自然资源的依赖，也可以摆脱对自然资源的依赖，同一行业内的各个部门或同一企业内的各个分厂、车间和工艺流程，都可分散到全球范围内部署定位，从而实现资源的最优配置。贺东升（2010）认为，由产业间分工发展到一定阶段演变为产业内分工，这符合全球经济发展的趋势，它摆脱了国际分工受资源禀赋限制的约束。它是新贸易理论模型所假设的产业内贸易分工类型，即不同国家独立生产并相互交换一个产业内部不同种类的最终产品。郝俊丽（2010）认为，产业内分工是指基于产品差别和规模经济所形成在同类生产部门内部的生产专业化。科技进步使各产业部门之间的梯度化不断加强，产品品种规格多样化，产品的生产阶段复杂化，产业内分工由此形成。各国在部门内部生产专业化方面迅速发展。

在产业内分工中，国际分工的依据是同一产业内部的产业链条的不同环节。产业链条的三大环节是技术环节、生产环节、营销环节。产业价值链分工使得产业内分工细化到价值增值的各个链接点上。跨国公司作为行业内分工的重要载体，为了进行相关产品的生产和布局，形成以增值替代为目标的生产分工体系，所以在全球范围内寻求优越的区位优势和资源禀赋优势。跨国公司为了降低生产成本，获得专业化生产的规模经济和利润最大化，所以将技术研发、零部件生产组装、制造加工和市场销售服务等环节分散到各个国家，进行产业价值链上的专业化分工生产。跨国公司通过产业价值链的特定环节生产制造，实现了要素的最优组合和全球资源的优化配置。

（3）产品内分工。

Arndt（1997）提出“产品内分工”的概念，他认为产品内分工是国际分工深化到产品生产流程中的特定工序的新型分工现象。Feenstra（1998）、Gereffi（1999）认为，产品内分工是特定产品生产过程的不同工序通过空间分离展开成跨区或跨国性的生产链条或体系，是一种特殊的产业经济国际化过程。Hummels 等（2001）认为以下三个条件：①产品是由两个或两个以上连续阶段进行生产的；②两个或两个以上的国家在商品生产过程中创造附加值；③至少有一个国家必须在其生产所处的阶段中使用进口投入品，而且必须出口一部分产出；是产品内分工必须满足的。王晨佳、喻文（2011）认为，产品内分工理论是近年来分工和国际贸易理论中的研究前沿，它源于传统贸易理论和新贸易理论，是针对新的分工现象而产生的新型理论体系。许南、李建军（2012）认为，产品内分工刻画了当代国际分工的基本层面从产品深入到工序的特点，它是全球价值链的分解，使得嵌入其中的国家和地区产业结构升级方式演变为价值链环节的攀升，从低附加值转向高附加值环节。

分析产品生产专业化实用、直观的工具就是价值链，因此全球价值链理论被应用到对产品内分工以及运行机制的研究中。值链的生产方式使得同一产品内部不同生产环节之间的分工替代之前一种产品集中独立生产的模式，因此产品内分工在全球价值链内部各种工序和流程之间展开。全球价值链是产品内分工的内在运行机制，从本质上说，产品内分工网络与价值链是相等的。“分散化国际生产”现象在不同学科领域的映射就是价值链与产品内分工，是同一经济现象的两个方面。曾铮、王鹏（2007）从四个方面归纳并论述了“产品内分工”理论和“价值链”理论的耦合，即基本经济层面、价值链构成、价值链延伸和经济变量内生化。这些研究为进一步将价值链理论应用于产品内分工等问题提供了相关的理论依据。

4.1.2 价值链理论

价值链的概念由 Porter（1985）提出，起初其注意到了产业内部的分工，认为每一个企业的产品要经过设计、生产、销售、发送和辅助，这些与企业生产经营密切相关的生产经营活动就形成了企业生产经营的价值链。J. Shank 和 V. Gowindarajan（1993）在波特的基础上对价值链的定义进行了延伸。在他们的定义中，价值链的起点为原材料，终点为使用者手中的最后的产品，中间的生产经营过程都包含在内。这不仅进一步延伸了企业价值链的广度，还将价值链与会计信息进行了链接。Pete Hines（1998）认为，价值链不应只包含单一生产线上的生产经营，所有与企业生产经营有关联的企业都应包含在内，企业间的协作经营应该作为价值链的一个基本特征。Kaplinsky（2000）提出产业间价值链和产业内价值链的概念，也认为企业间的联系应该是价值链的一个基本特征，其在此基础上深入研究了不同产业之间的协作关系。杜义飞，李仕明（2004）认为，产业维度的生产经营也应属于价值链的一部分，提出了产业价值链的概念，是价值创造的一种新形式。

4.1.2.1 国家价值链的内涵

价值链是由于分工的出现而形成的，分工使生产效率提高，从而推动了经济发展。经济的持续发展会使得市场上的需求越来越大，又会倒逼分工进一步延伸。同时经济发展也会使得不同地域之间的经济联系越来越紧密，为了降低交易成本，交通、信息技术等也会快速发展，从而在空间层面延展了分工的范围。分工逐渐不局限于一个国家内部的不同区域，国家价值链就也就形成了（潘文卿，2018）。刘志彪等（2007）认为，国家价值链是以本国企业为主体，基于国内市场形成的网状生产经营模式。崔向阳等（2018）为国家价值链的理论提出了一种全新的升级方式，就是发展中国家的企业在融入全球价值链的同时，可以通过积累学习和模仿经验，逐步发展和培育自身的高级要素，从而拥有可以与发达国家企业进行对抗的实现完整产业链升级的能力和国际竞争力。

4.1.2.2 全球价值链的内涵

Gereff（2003）提出了全球价值链的概念并搭建了基本的理论架构。张辉（2004）认为全球价值链是在全球范围内，为了生产某种产品使得各个国家的企业在生产、销售和回收等环节链接在一起的跨国企业网状组织。

全球价值链根源于 Porter（1985）提出的价值链理论。同时 Kougut 的价值链思想对全球价值链理论的形成也极为重要，Kogut（1985）认为，不同国家在不同方面的比较优势决定了价值链各环节的配置，而企业应该在价值链条的哪个细分环节和技术层面上倾其所有由某一国家或地区的企业的竞争能力决定，以确保其竞争优势。因此，其观点对于全球价值链的空间再配置能起到很好的解释说明作用。Krugman（1995）探讨了全球价值链条的片断化和空间重组问题；随后 Gereffi（1999）发现在跨界生产和分销中，全球购买者的作用持续增加，提出了“全球商品链”的概念，在价值链与全球化的组织基础上，对生产者驱动和购买者驱动的商品链进行了比较研究。

4.1.2.3 价值链的理论基础

由于分工形式的不断发展，国内外学者关于价值链的认识也不断加深。从迈克尔·波特首次提出价值链这一概念以来，相关研究者陆续提出了服务价值链、虚拟价值链等衍生理论，极大地提高了价值链与现实情况的适应性。

①传统的价值链理论。

传统的价值链理论由波特（1985）提出，企业创造价值的活动主要有两个：一个是基本活动，另一个是支持性活动。基本活动包括生产、运输、营销和售后服务。支持性活动包括人力资源、财务、原材料采购和技术开发等。这些相辅相成的生产经营活动形成了企业价值创造的各个节点，链接起来就形成了价值链。

实际上，现代企业可以看作是一系列有序作业的集合体，它们是为了满足客户需要而建立起来的。从供应商的生产的原材料开始到企业内部的生产加工，最后成为顾客购买到的商品，形成了我们所说的价值链。

②服务价值链理论。

PeteHines（1998）认为，价值链不应只包含单一生产线上的生产经营，所有与企业生产经营有关联的企业都应包含在内，企业间的协作经营应该作为价值链的一个基本特征。詹姆斯·赫斯克特（2000）认为，员工与顾客的满意度以及服务产生的价值会影响一些企业的利润，员工与顾客的满意度越高，相对的服务价值也会越高，企业的利润也会相对提高。服务价值链强调的价值主要是以客户中心，实现附加价值。当顾客的满意度要超过其预期，服务价值的增值也就实现了。

③虚拟价值链理论。

由于知识和信息资本作为新的生产要素在市场中的作用越来越大，而传统价值链弱化了知识和信息等虚拟资本在市场中的作用。Peter Jefferey（1995）提出了虚拟价值链的观点，将市场分为市场空间和市场场所。企业在市场场所中提供原材料等物质资源进行生产、加工和销售等来服务于客户。在市场空间中，企业主要通过知识和信息并对其进行加工处理，进而为客户提供相应的虚拟化服务。此后，虚拟价值链的研究慢慢展开。Wise 和 Morrison（2000）通过对信息市场进行研究，发现信息市场中的价值增值不来源于交易，而来源于信息管理和标准制定等活动；Thomas 和 Kevin（2001）为了研究电子商务中的资源外包行为，以信息为标的进行价值链整合建模进行研究。Andreas（2002）开始研究虚拟价值链在分割市场间的运用，以期使市场间的协同发展取得更大的进步。William（2003）研究了网络服务中的信息作用，并提出了虚拟价值链中的信息利用机制。

总体看来，虚拟价值链和实体价值链都在一个市场中运作，但其生产要素还是存在质的差别，虚拟价值链可以说是在实体价值链基础上实现的进一步发展。从物质资源的竞争到物质资源和信息资源的同时竞争。但是实体价值链和虚拟价值链的发展都能进一步促进企业间的协同发展。

④价值网理论。

在虚拟价值链提出后，Chan 等（1999）的研究进一步将价值链理论进行了扩展，提出了价值网的概念。价值网由企业的日常经营活动构成，随着经营活动的变化其形状也会发生相应的改变。价值网和价值链也存在明显的差异，价值链通常是单向的价值传递，价值网的形式更加多变，凸显了企业价值活动间的复杂性。价值网使得价值链上的企业可以实现角色和功能的转换，企业可以多方面服务于客户。价值网促进了所有成员在完全统一的基础上的联系，可以缓解竞争压力、规避囚徒困境以保证双方共同的利益。

曲明荣（2012）认为，信息技术的发展推动了价值形式的变化，传统价值链的局限性也日益增强，服务价值链、虚拟价值链和价值网等新的价值链形式慢慢出现来填补传统价值链的空白。在今后的社会发展中，企业之间的关联性会越来越强，价值链的发展对于企业资源配置和价值增值也会更加重要。

由上所述，价值链起初更注重于实物的价值增值。价值链发展到现在，顾客和信息技术在企业竞争中的地位越发重要，服务价值链和虚拟价值链由此提出。而价值网是管理理论的集大成者，运用互联网的发展，将企业的生产和分工进一步整合优化，使企业的经营更加高效。

4.1.3 双循环理论

目前，我国面临的国际国内环境发生深刻变化，复杂矛盾交织，对内而言，亟待转变经济增长方式，转换增长动能。再加上新冠肺炎疫情冲击，经济下行压力较大。对外而言，世界经济不景气，国际贸易和投资萎缩，经济衰退趋势明显。新冠肺炎疫情对世界各国影响深远，全球产业价值链受到极大冲击，各国更加重视产业链、供应链的稳定性和安全性，产业链和产业布局会重新布局和调整。基于此，2020 年 5 月 14 日，中共中央政治局常委会会议提出，要深化供给侧结构性改革，充分发挥我国超大规模市场优势和内需潜力，构建国内国际双循环相互促进的新发展格局。2020 年 5 月 23 日上午，习近平总书记在看望参加全国政协十三届三次会议的经济界委员并参加联组会时指出："逐步形成以国内大循环为主体、国内国际双循环相互促进的新发展格局，培育新形势下我国参与国际合作和竞争新优势。"这是中央适应国内国际形势的新变化、新趋势，应对新挑战、新风险，做出的重大战略部署。

4.1.3.1 主要内涵

钱雪锋、裴婷（2020）认为，构建国内国际双循环新发展格局要求国内与国际各自形成一个小循环的同时，两者之间也必须形成一个大循环，小循环保障大循环的运行，大循环推动小循环的发展，两者共同构成双循环。王昌林（2020）认为，"双循环"要以国内大循环为主体，但不是关起门来搞封闭运行，是社会再生产全过程的往复循环，国内大循环和国内国际双循环是相互促进、有机统一的。付万军（2020）认为，国际双循环就是要充分利用国际资源和市场，发挥比较优势，挖掘国内市场潜力，释放国内市场需求，通过国内需求降低国外需求波动产生的冲击和影响，国内循环与国际循环相对独立又相互依存。邹蕴涵（2020）认为，强调国内国际大循环并不是要放弃国际循环，更不是要闭门造车，而是要赋予国际循环新意义新内涵。过去我们的国际循环主要是依靠劳动力成本低的优势，大力发展劳动密集型产业，参与全球分工，吸引外商投资。现在和今后，我们的国际循环将更多依靠人力资本质量和技术进步，在全球价值链、产业链、供应链上实现三链升级，在全球竞争中获得新优势。

4.1.3.2 问题与困境

刘庆和（2020）认为，实现我国国内国际双循环的发展格局，需要解决经济"脱实向虚"、地方政府隐性债务、人民币国际化和产业链供应链等问题。陈雯和马京京（2020）认为，供需匹配失衡及创新不足是制约国内循环可持续进行的关键所在；从国际循环来看，我国进口商品技术含量高，出口商品技术含量低，进出口产业的上下游匹配存在失衡；从国内国际循环的连接看，两个循环之间高效衔接存在梗阻点。刘洋（2020）认为，我国内循环存在的主要问题是供需不匹配，供给体系质量不高，不能完全满足国内需求，需要持续推进供给侧结构性改革，提供更有效的供给体系。周跃辉（2020）认为，在“两头在外”的生产模式，出口与投资双轮驱动的经济模式，弊端越来越明显，要推动形成国际大循环，我国的经济就不能过度依赖投资、出口。同时还要解决好国际收支失衡和外部压力等方面的问题。

4.1.3.3 发展举措

付万军（2020）对我国双循环发展格局提出了三点建议。第一，是通过积极培育和拓展消费新增长点、提高投资准确性和投资效率、制定中等收入群体倍增计划等充分释放国内循环的需求潜力；第二，是通过优化产业分工区域布局推进产业结构升级，实施进口替代战略、实施市场化的走出去战略；第三，是加快拓展区域市场合作，深化多边双边经贸关系、加大自贸区、自贸港探索力度等打造贸易投资的新平台新动能、持续改革体制机制，拓宽外部区域市场合作空间。陈雯和马京京（2020）认为，我国应该不断挖掘内需潜力，落实扩大内需战略、合理引导产业链转移，实现国内外“双向良性循环”、增强产业和经济安全意识，扩大全面对外开放、推动共建“一带一路”，避免发生工人大规模失岗，想方设法保岗位、促就业。陈文玲（2020）就国内国际双循环格局构建重点提出我国应该提升现代物流能力。刘洋（2020）认为，我国应突破供给侧结构改革问题，加强大数据、云计算等重大战略性、基础性技术问题的科研攻关，优化区域经济协调发展的空间布局和协调发展机制。张占斌（2020）认为，要加强营商环境建设，提升国际竞争力；要加强对外开放和“一带一路”沿线国家经济合作，促进 RCEP 区域合作。张燕生（2020）认为，应加快建设创新驱动的现代产业体系，将传统产业链、供应链、价值链从依附型变为自主型，积极和国际接轨。周跃辉（2020）认为，要积极稳妥处理好大国关系，深化人类命运共同体建设、处理好与周边国家的总体关系，确保主权统一与领土完整、坚持全面深化改革基本方略，集中力量办好自己的事情、全力支持科技创新，助推中国高科技立于世界之巅、维护全球产业链供给稳定，不断提升产业链水平、加快实施扩大内需战略，打通国内大循环体系。王昌林（2020）认为，一是要将扩大内需作为战略基点，加快构建完整内需体系；二是要将深化供给侧结构性改革，提高产业链供应链质量；三是要增强自主创新能力，实现关键领域的技术突破；四是要深化对外开放，深度融入国际经济循环。钱雪锋、裴婷（2020）认为，一是要持续推进供给侧结构性改革，进一步扩大内需；二是要通过技术创新培育经济增长的新动能，用数字经济引领新经济的发展。三是要发挥企业作为市场主体的作用，让企业创造更多的财富和价值。

4.2 合作博弈下国家级新区价值链重构的影响机理：基于内循环视角

中美贸易战、新冠肺炎疫情的暴发，以及国外贸易保护主义和民粹主义抬头成为促进国内大循环的国际因素。中美贸易战对中美双方都产生了巨大的影响。对于许多高新科学技术，中国缺乏自主研发，高度依赖美国进口。这些现实使企业意识到必须掌握自主的核心技术，才能实现企业稳定长远的发展。只有形成独立自主的国内大循环，才能促进本土企业自主研发核心技术。2020 年，新冠肺炎疫情的暴发，给世界经济带来意想不到的冲击，造成全球各地不得不停工停产，部分产品零部件无法生产；国家或者地区封闭，交通受阻，进出口无法保障等问题，世界产业价值链条面临断裂风险。中国在有效控制疫情的条件下急需经济的复苏。在世界产业链断裂，部分进口无法实现的情况下，进行“国内大循环”，以本土企业为主导，建立完备的国家价值链势在必行。另外，贸易保护主义也促使部分国家与中国的贸易受阻，逆全球化浪潮严重，严重阻碍了各国之间的要素流通，部分依赖国外进口的企业受到冲击。所以独立自主的国内大循环亟待形成。

庞大的国内市场、完备的产业链条、充足的技术人才成为畅通我国国内大循环的内在条件。我国拥有 14 亿人口，4 亿多中等收入群体，1 亿多的市场主体，形成了超大规模的内需市场，国内需求潜力巨大。我国具有全球最完整、规模最大的工业体系，工业生产能力强大，工业生产配套体系较为完备。按照联合国产业分类标准，我国是全世界唯一拥有全部工业门类的国家，拥有 39 个工业大类，191 个中类和 525 个小类。人才方面，我国拥有

1.7 亿多受过高等教育或拥有各类专业技能的人才，这些优秀的人力资源成为实现国内大循环的人力储备力量，是各行各业进行创新升级的中流砥柱。以上三个条件成为完成我国国内大循环的推动力。

立足我国发展的新阶段、面临的新变化，习近平总书记提出，要推动形成以国内大循环为主体、国内国际双循环相互促进的新发展格局。国家级新区作为区域经济发展的增长极，在畅通国内大循环过程中发挥重大战略作用的同时进行价值链的重构。如果把 19 个新区看成一个庞大的新区战略联盟，不同国家级新区映射为合作博弈模型里面的局中人，新区之间通过相互合作，会创造大于 19 个新区单独发展所创造的社会价值。所以本节将从国内循环的视角，探究合作博弈下我国国家级新区价值链重构的影响因素及其影响机制，如图 4.1 所示。

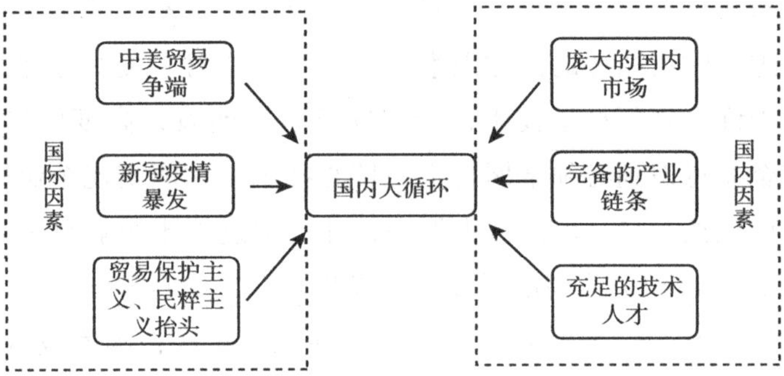

图 4.1　国内大循环动因

4.2.1　分工合作效应

各国家级新区在国内大循环中具有不同的分工定位，这对于国家级新区价值链重构有促进作用。国家级新区是区域经济发展的重要增长极，承担着改革发展的重要任务，能够促进各区域产业结构升级，优化产业布局。形成国内大循环为主体，也就意味着生产、分配、流通、消费等环节更多依托国内市场，畅通国内大循环，就必须构建完整的国家价值链。新区之间区域优势和政策优势有所不同、战略地位有所侧重，所以各新区之间的产业发展也存在差异化。而差异化的产业发展也决定着他们位于国家价值链的不同分工地位。国家级新区应顺应国家价值链的需要继续深化主导产业，并继续发展新产业、新业态、新模式。各新区的主导产业都是侧重当地区域优势和战略优势所发展起来的，比如浙江舟山新区基于自然资源禀赋，围绕海洋经济选择水产品加工业发展为主导产业；上海浦东新区依托上海全国金融中心的优势，选择金融业作为主导产业；重庆两江新区依托重庆装备制造业的基础，将汽车产业发展为主导产业。所以新区需要继续充分利用区域优势，培养壮大主导产业，以各新区的重点产业为抓手做强实体经济，如图 4.2 所示。

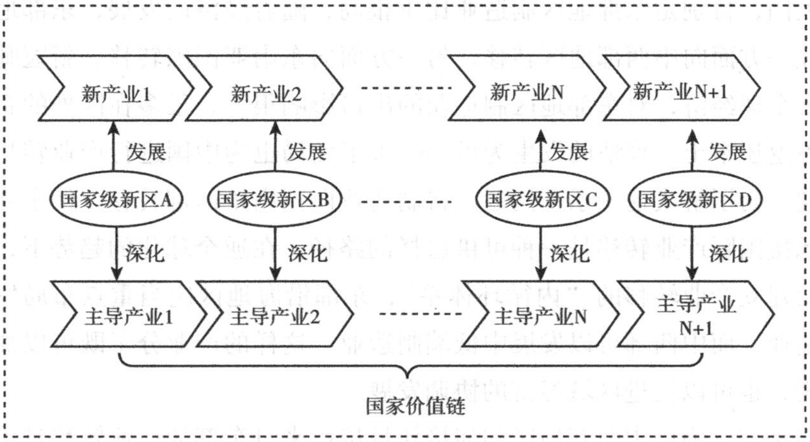

图 4.2　分工合作效应影响机理

另外，国家级新区发展目标相近，部分国家级新区在主导产业选择上存在一定程度的趋同性。例如，滨海新区、两江新区、贵安新区、金普新区、福州新区、云南滇中新区和天府新区先后将电子信息产业列为主导产业；滨海新区、两江新区、南沙新区、西海岸新区、天府新区和江北新区均将汽车产业作为主导产业。国内大循环的畅通需要每个产业、每条产业链的不同分工地位都由本土企业主导。所以国家级新区作为区域经济的增长极，应该积极发展新产业，并将产业辐射至周边地区，填补国家价值链上的空白。19 个国家级新区在创造的巨大新区联盟中进行合作博弈，每一个新区都是合作博弈模型里面的局中人，通过合作分工，合理分配资源，基于产业基础，创造更高的收益。国家级新区在分工中合作成为国家价值链的各节点，各节点相互合作，以此畅通国内大循环。而新产业的发展将会重塑国家级新区价值链。

4.2.2 产业转移效应

产业转移是国家级新区价值链重构的实现机制。新冠肺炎疫情的暴发加速了发达国家逆全球化的步伐，美国、日本等国为避免本国的产业空心化，开始推动本国制造业回归，鼓励本国企业撤离中国。这给中国带来了新挑战，但也为国内大循环的实现创造了机遇。改革开放以来，我国成为全球制造业大国，特别是东部地区制造业比重很高，随着经济的发展，东部地区的制造业一方面向中西部地区转移，另一方面向东南亚国家转移。新冠肺炎疫情冲击全球经济，对东部地区制造业的出口影响很大，很多在国外的企业也不得不返还本土。疫情的发生为世界带来了变局也为中国进行产业转移带来了机遇。为了解决这一系列问题，将制造业向国内中西部转移，使东部地区集中承接国际产业转移是一种可供选择的路径。在逆全球化的趋势下，中国必须要建立产业转移的“内循环体系”，东部沿海地区应当重点布局发展高端制造业，而中西部可以发展中低端制造业。这样的产业分工既可以加速扩大内需，也可以促进区域经济的协调发展。

但是如何确保中西部地区如何接住且接稳来自东部的产业转移是一个亟待解决的问题。在现阶段，中西部地区在经济发展水平、基本公共服务、基础设施方面与东部地区存在一定的差距。但是国家级新区作为区域经济发展的增长极和引擎，在政策优势、基础建设、产业配套都是中西部地区的佼佼者，有能力、有条件成功接稳来自东部的产业转移。根据国家级新区的分布情况：中部现有 2 个国家级新区，西部地区现有 6 个国家级新区，东北地区现有 3 个国家级新区。中西部国家级新区在产业转移的过程中作为接受产业转移的领头羊，首先接稳转移产业，再发挥国家级新区在区域经济的辐射作用，向周围地区辐射，促使整个中、西部地区成功承接产业转移，完成整个产业结构升级；而处于东部沿海地区的国家级新区则需集中精力承接国外转移产业，发展高科技、高质量的新兴产业。而在产业转移的视角下，在国家级新区的战略联盟中不仅仅有中西部国家级新区内部和东部地区国家级新区内部的合作博弈，也有中西部国家级新区作为一个整体和东部地区国家级新区作为一个整体，处于两者之间的合作博弈。国家级新区区域内部之间的合作，更有利于中西部地区承接东部的产业转移、东部地区承接国际上的产业转移。而中西部国家级新区和东部地区国家级新区两个整体之间的合作有利于促进国内大循环的畅通。至此在产业转移下畅通了国内大循环的价值链，而国家级新区也在这过程中实现产业结构升级、价值链重塑，如图 4.3 所示。

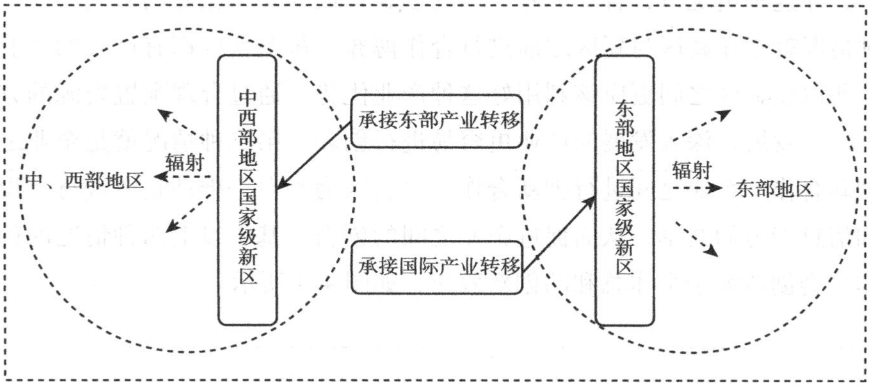

图 4.3　产业转移效应影响机理

4.2.3　技术创新效应

大循环的畅通离不开创新的驱动，而国家级新区因其区域优势、政策红利成为孕育创新的摇篮。创新是增强发展的动力，创新驱动型的经济增长是我国追求的目标，也是高质量发展的要求。创新可以加速成果转化应用，提升产业链水平，助推产业升级，加快现代产业体系建设，进而更好的形成国内大循环。对于摸着石头过河的国家级新区，“先行先试”一直是国家级新区秉持的宗旨。国家级新区有天然的政策优势、技术优势和人才优势，在全国呼吁创新的背景下更容易有新产业、新技术、新业态、新模式的产生。国家级新区作为引领经济发展的先行者，其核心竞争力在于科技创新驱动，园区企业抓住国内大循环的科技创新机遇，通过科技引领和技术推动，从生产要素推动阶段向科技创新驱动阶段进阶。另外，因为国家级新区具有产业集聚的特征，新技术、新工艺更能够迅速地转移传播。产业的集聚能够减少企业间的沟通成本，增加不同企业员工之间沟通、交流、接触的机会，相互之间切磋碰撞产生思想的火花，进而产生了新的创意和思维。各企业技术人员在交流中产生的创新思想，也会给新区的各个企业带来创新灵感，从而促进园区内企业新产品、新技术的发展。使园区中的企业在竞争中进行创新，在创新中进行竞争，从而促进国家级新区向价值链上游攀升。

而在现实的生产生活中，企业进行创新研发的成本极高，单个企业很难承担，在这种情况下，合作创新、协同创新就成为一个很好的解决办法。第一种情况就是在新区与新区之前进行合作博弈。每个新区都有擅长的产业优势，所以在新区之间更应该利用好这种产业优势，通过合理配置资源的方式促进产业发展，深入发展的产业更容易进行创新。第二种情况就是企业之间的创新合作。企业之间进行创新合作，以新区为平台，推动企业进行知识资源和信息能力的共享，从而促进企业之间的创新。基于以上两种情况的创新合作，会创造大于个体总和的创新效应，如图 4.4 所示。

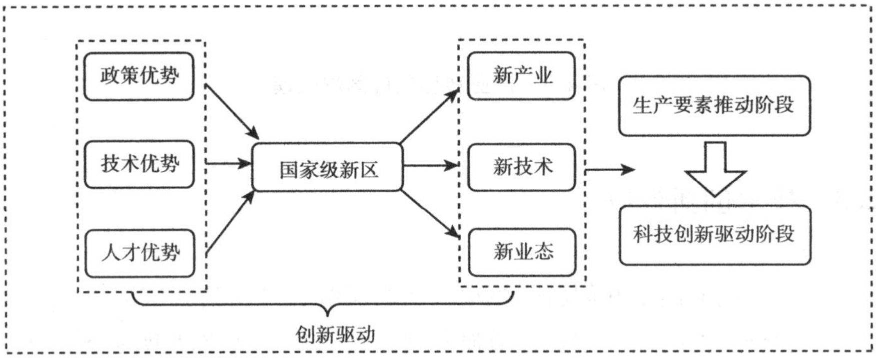

图 4.4　技术创新效应影响机理

4.2.4　企业集群效应

以上三种效应都是从宏观效应的视角上来讲的，而国家级新区的价值链重构除了宏观视角还有微观的企业集群效应。将每一个新区看作独立的合作博弈集群，而将新区中的企业看作是合作模型中的局中人，企业与企业之间进行集群内经济主体间的合作博弈。以国内大循环为主体就是要形成完整的国家价值链，合理的分工是形成国家价值链的第一步。由于分工的深化，企业一般只会从事生产环节的某一环节，这就要求产业之间关联性较高、协同合作以及完备的本地配套，单个企业是很难生存的，企业为了适应逐渐深化的分工模式，企业或者产业的迁移就不再是单独的、小规模的运作，往往是团体的、大规模的运作。所以集聚企业之间的关联性是产业集聚的基础，集群内部的协同协调和专业化分工促进了相同产品或者产业的企业集聚在一起。在新区微观企业的合作分工效应之下，相同、相似产业或配套产业将会集聚在一起，从而形成企业集聚。

在资金成本、沟通成本、交易机会等因素的共同作用下，处于同一产业链的企业会呈现聚集的特点。企业通过集聚，产生集群效应，通过企业之间的相互影响与作用，达到单个企业与产业链总体双赢的目的。原因在于：从管理角度出发，企业间分工逐渐对企业内分工进行替代，使单个企业能够专注某一细分市场，降低对单个企业管理水平的要求；从企业间的合作角度出发，企业集群能够有效降低企业间的沟通成本，通过降低信息不对称所带来的交易成本，促进企业间的合作共赢。集聚企业通过合作，企业能够得以集中资源，深耕某一细分市场，通过增强专业度得以提高企业的竞争力，企业集群所带来的合作机会的增加也能有效较低企业的交易成本企业间的相互作用促进了生产要素更有效的组合，实现了报酬递增，而报酬递增又随着集群成员的增加而增加。以此形成良性循环。而在资讯瞬息万变的现代社会，如果想要促进企业间的联系更趋紧密，从而促进企业之间的合作需要企业的管理层具有合作共赢的眼光，良好的沟通协调能力，通过对市场洞察，分析其中的机会，通过企业协同以集中更多资源来推动企业发展。对国家级新区而言，新区企业集群所产生的效应通过在提高生产效率、减少生产成本来推动国家级新区价值链向上游攀升，如图 4.5 所示。

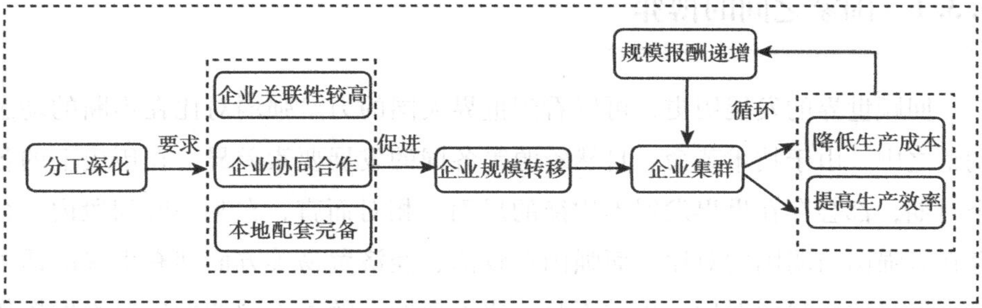

图 4.5　企业集群效应影响机理

4.3 合作博弈下国家级新区价值链重构的影响机理：基于双循环视角

经济全球化下各国的产业选择及产业升级路径是国际产业博弈的结果，各国都想从经济全球化的进程中得到较大分工利益。国家级新区的价值链重构，其目的也是如此。国家新区的价值链重构，离不开全球产业环境变化的时代背景。特别是新冠肺炎疫情发生后，世界政治经济形势发生巨大变化，我国面临的外部环境不稳定性变大，各国之间的博弈日渐激烈。但是从长期来看，经济全球化仍然是主流方向，国家之间的产业分工、经济合作、互利共赢是长期趋势和必然选择。所以作为开发开放的桥头堡，国家级新区不仅要与具有世界先进技术的国家合作共赢，也要应对全球化博弈带来的迫切压力。另外，在当前以国内大循环为主体、国内国际双循环相互促进的双循环新发展格局形成过程中，国家级新区应当承担起改革开放的重要战略任务，国家级新区价值链的重构，重点在于主动服务和融入国家重大战略，建设更高水平开放型经济新体制，以开放促改革、促发展、促创新，把国家级新区建设成为新时代改革开放新高地。国家级新区要想达到规划的目标，就必须探明其价值链重构的影响机理。本节将从双循环的视角，探究我国国家级新区价值链重构进程具体受到哪些因素的影响，其影响机制是什么。

4.3.1 国家之间的博弈

回顾世界的发展历史，可以看到世界大国的力量强弱对比在不断的动态调整之中，由于技术革命、自然资源等各国的发展要素差异，在历史上的各个时期，都会存在世界发展不均衡的局面。相对而言，在某一时间段内，会存在着强国与弱国的对比，而强国在政治、经济贸易等方面拥有更多的话语权。但是这种强弱对比，也并不是一成不变的，随着不同的发展要素发挥作用，弱国会逐渐强大，强国也会逐渐弱小。这时，强国为了维护自身在国际政治、经济贸易等领域的话语权，往往会采用各种手段来延缓、阻止他国的发展进程。中国作为正在崛起的大国，也不可避免地会受到这一历史规律的考验。

在全球化发展的今天，国际分工形式已然多种多样，分工流程高度发达。大国对中国的博弈就主要体现在关键行业的技术限制方面。因为这些行业的特殊性，往往关系着一国的核心竞争力，所以各国都会出台相应政策限制其技术的流通，以维护本国的国际竞争力。所以两国之间发生的博弈，从本质上说，是两国国家利益发生冲突的结果。双方围绕核心产业进行的博弈，核心目标是维护各自的国家利益。如国防产业、芯片产业等关键核心技术，各国政府或掌握该核心技术的大公司，在全球开展业务时都会高度注意核心技术的保密，在国际分工体系中也往往只会将简单的组装工作分配给具有成本优势的发展中国家以及一些落后国家。我国改革开放以后，虽然在各个产业都有所建树，但受限于技术发展条件的限制，还是有着许多“卡脖子”问题以及产业链“掉链子”问题。国家级新区作为改革开放的重点试验区，相关政策的支持力度不断加大，对关键技术的突破更是其重要任务，那么在国家级新区价值链重构的进程中就会不可避免的遭遇发达国家的技术封锁，如图 4.6 所示。

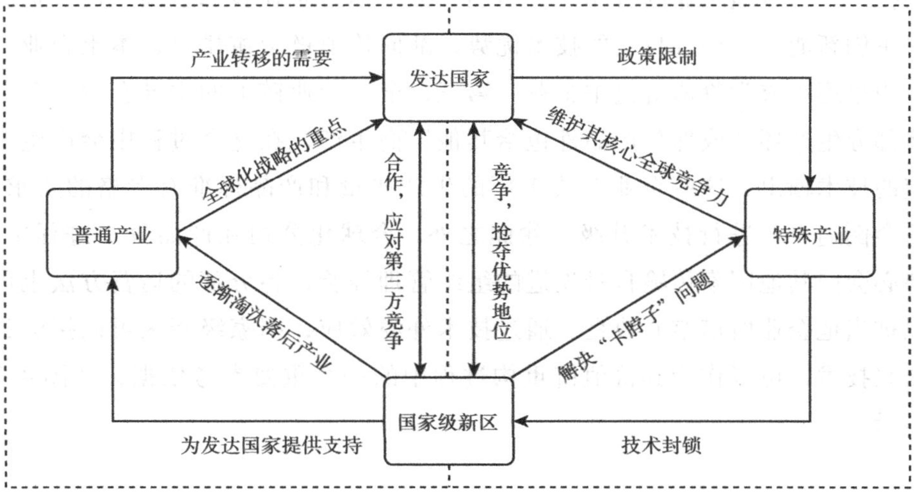

图 4.6　国家之间的博弈

4.3.2 合作博弈中的技术外溢效应

虽然因为新冠肺炎疫情，对我国国家级新区价值链重构造成了一系列不利局面，如世界经济深度衰退、国际贸易和投资大幅萎缩、国际金融市场动荡、经济全球化遭遇逆流、一些国家保护主义和单边主义盛行等。但从世界大势看，经济全球化是大势所趋，国际经济联通是世界经济发展的客观要求，合作共赢是发展趋势。当全球化的公司为了节约成本或拓宽市场等原因，将生产链分解，发展中国家承担其产品的生产组装工作，发达国家的研发中心负责产品的设计与研发时，技术外溢效应就会发挥出来。技术外溢效应主要通过三种途径发挥作用：第一，伴随着制造业的流动，知识和技术的传播范围扩大到国与国之间，产生知识溢出效应，东道国的制造业企业获得了先进的知识和技术，推动了制造业的升级。所以在国家级新区与发达国家的合作过程中，知识与技术的溢出效应会助推国家级新区制造业的产业升级和企业发展。第二，跨国企业在全球范围内的投资，会为其他国家带来先进的设备和技术，对本土企业产生积极的影响。国家级新区在建设发展过程中引进跨国企业，带来先进的技术，与本地企业的合作也会增加，推动本地企业技术创新，逐步提高自主创新能力，形成自己的技术优势，渐向价值链上游攀升，本土企业经过积累逐步成为价值链链主企业。第三，全球产业链上的主导企业一般会将部分生产环节或部分产品外包给其他厂商生产，在这个过程中会产生一定的技术输出，这些企业对代工厂的生产质量和产品标准有严格的要求，这会倒逼企业进行技术升级。除此之外，全球化公司在产品分工过程中，势必会向其他国家传输自身先进的组织管理经验，各分部的运营方法也可以被当地企业所借鉴并改良。通过技术外溢效应，国家级新区可以接触到新兴技术，可以作为其价值链重构过程中的一个重要参考依据，如图 4.7 所示。

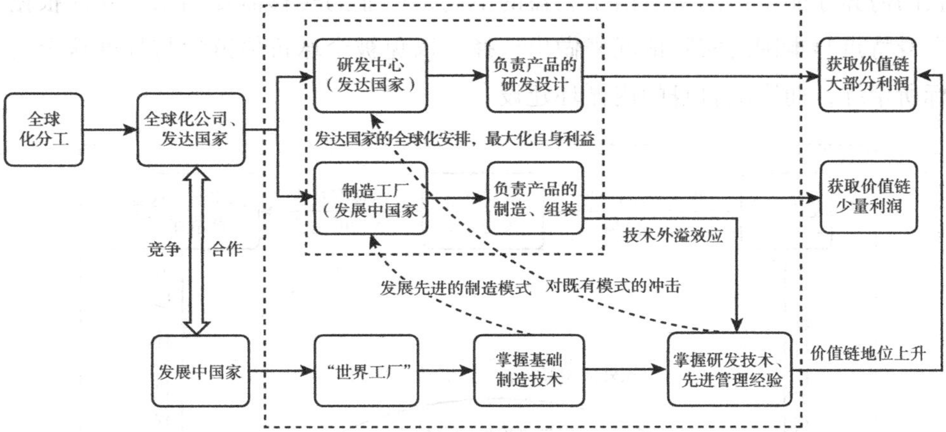

图 4.7　合作博弈中的技术外溢效应

4.3.3　全球价值链参与程度

我国目前正努力形成以国内大循环为主体、国内国际双循环相互促进的新发展格局。国内国际双循环相互促进，就需要我国以国家级新区为代表的产业链要与全球价值链相融合。由于在双循环新发展格局中，循环的要素主要是人流、物流、资金流、信息流等，所以这些要素流动的快慢与有序程度将直接决定着双循环的质量与效率，而要素流动的快慢和有序程度又和我国的全球价值链参与程度有关。随着经济全球化的程度加深，国与国之间的经济交往程度日益密切，受到贸易伙伴国的影响越来越大。所以当国家级新区深度参与全球价值链时，全球价值链的最新变化，先进技术通过全球价值链的传播等情况，都会被国家级新区迅速捕捉到。当然，如这次疫情所造成的全球价值链波动甚至断裂的风险，也会对国家级新区的价值链重构造成影响。我国不可能回到闭关锁国的年代，国家级新区作为改革开放的，实验基地，与全球价值链相融合的“先头阵地”，需要有合适的制度政策来控制全球化的风险并吃到全球化的红利，如图 4.8 所示。

在与发达国家共同参与全球价值链的过程中，国家级新区会面临发达国家的落后产业转移需求，如何在落后产业转移过程中，承接有技术含量的制造业，并利用其技术外溢效应，是需要国家级新区和产业转移发起方经过漫长的博弈才能得出结果。由于利益的不同，产业的转移需要国家级新区根据自身特点与本国的实际情况来做出选择，以免被全球价值链参与程度这个目标所牵绊，而影响自身的内循环建设。

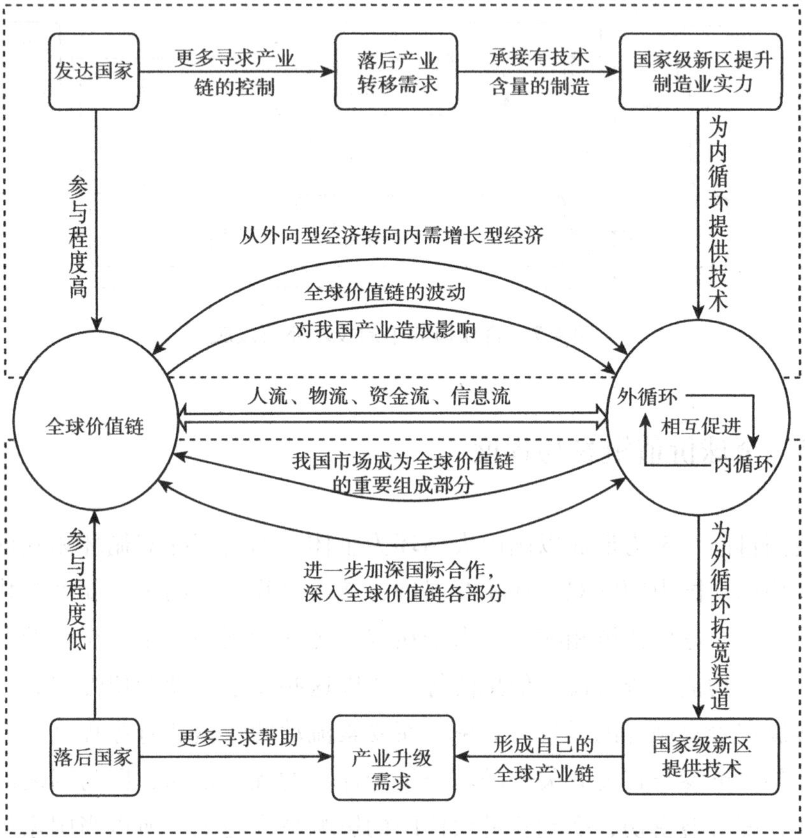

图 4.8　全球价值链参与程度

在与落后国家合作时，国家级新区作为我国高新技术的重点区域，可以发挥优势技术，对外扩张，拓宽全球价值链的参与程度，国家级新区自身的全球产业链，丰富全球价值链的参与方式。但值得注意的是，与落后国家的交流，不仅是合作，也需要有博弈的过程。如国家级新区与发达国家的交流一样，对产业链的全球分配方式，对核心技术的控制，对各种生产资料的控制，仍然要从我国利益出发，与落后国家进行竞争，形成合作博弈的平衡。

4.3.4 全球价值链参与地位

国家级新区在价值链重构过程中不仅需要考虑全球价值链的参与程度，更需要考虑全球价值链的参与地位。如果在价值链中过于依附他国产业，那么就会在产业的合作博弈当中留下一个可供利用的缺陷，在博弈中就只能不断妥协，从而影响到国家级新区的整体产业规划。由于现有的全球价值链已经高度垂直专业化，从研发到生产等多个环节构成了整个生产过程。过去是一个国家参与多个生产环节，现在多个国家共同参与一个生产环节。因此，深入嵌入全球价值链，有利于发挥不同国家的要素禀赋优势。而嵌入全球价值链的高端地位，才能获得大部分的利润。在现有的全球价值链体系中，提升分工的地位，对国家和地区的产业升级和发展至关重要。

改革开放初期，我国主要是低端的加工制造业为主，虽然参与了全球价值链上许多产品的生产过程，但利润较低且引发了环境污染等问题。虽然我国以国家级新区为代表的产业集群不断发展，已经不再处于纯粹的全球价值链低利润部分。我国已可以与落后国家合作进行低利润部分的产品生产制造。但相对于高技术含量的产品研发设计部分，我国在与发达国家的博弈过程中还有一段路程要走。所以，双循环视角下的国家级新区价值链重构，提高我国的全球价值链参与地位是重要一环。通过技术的进步，产业的联动等举措，提高国家级新区产业的全球竞争力，争取攀升到全球价值链高利润的一环，提升我国在全球价值链体系中的话语权。在国家级新区价值链重构进程中，重点发展的高新技术产业的价值就在于此，不仅仅是重复劳动的堆砌，而是掌握核心技术后的技术分发。已有文献研究表明，产业结构的升级的方式是沿着价值链向两端延伸，逐步攀升到价值链的高附加值环节。微笑曲线理论揭示了产业升级的两种路径：一是沿着技术路径向价值链上游攀升；二是沿着市场路径向价值链下游转移。国家级新区的价值链重构仍然符合这一基本规律，但如何提升效率是需要新区所思考的问题，如图 4.9 所示。

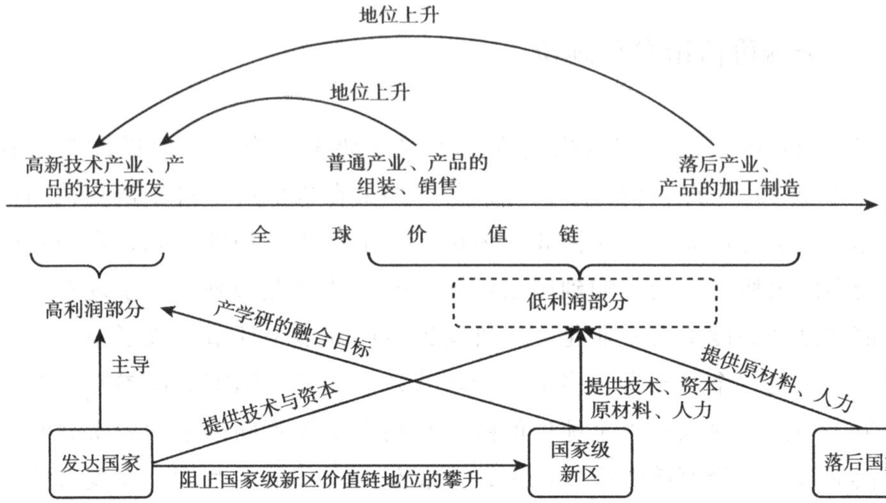

图 4.9　全球价值链参与地位

4.3.5　国际资本的进入

学术界一致认为，国际资本流动在促进本国经济发展的同时，也会导致本国经济的波动振幅提升，成为国家潜在的经济金融危机诱因。从我国发展的现实经验来看，对外开放促进国内国际两个市场的对接，有力地促进了我国经济的持续快速发展。国家级新区如果能够充分利用国际国内两个市场、两种资源，就能更好更快的发展。那么国际资本进入国家级新区的价值链重构进程就是理所应当的，也是受到欢迎的。国际资本的游动，一方面是资本逐利本性的使然，我国国家级新区所展现的机会，促使国际资本的进入，另一方面，国家级新区也会主动引进外资，以期增强价值链重构进程中的资本支持。值得注意的是，外资的进入，不仅带来了丰富成熟的国际经验，也会加深各国生产环节联系，带动生产要素在国际的转移与结合，同时带来了争夺关键行业控制权，窃取我国开放发展成果的风险。

国际资本对我国国家级新区价值链重构的影响，还体现在国际资本投资产品的流向，原材料及零部件的来源。国际资本投资的产品如果销往母国或其他国家，则国际投资产生了促进贸易发展的效应，如果就在我国销售，则很可能是贸易替代。如果原材料来自于国内则会产生积极影响，如果来自国外，则国际投资会对国家级新区产生消极影响。

国际资本的游动，其本质是追逐利润，如何协调外资与内资的比例，对各个产业的控制权分配，是需要国家级新区在价值链重构进程中所精心设计的。不可否认的是，当国际资本进入了国家级新区的部分产业后，会为相关产业带来积极影响，资本逐利的本性也决定了我国国家级新区可以接触到最先进的思想、技术，国家级新区可以利用雄厚的资本力量，完善产业链，改进产业生产流程，提高效率，助力国家级新区整体的价值链重构进程，如图 4.10 所示。

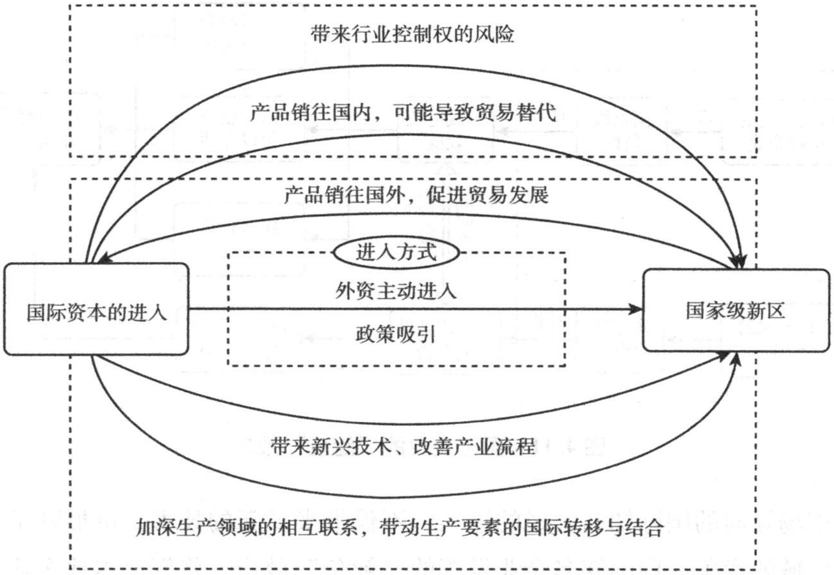

图 4.10 国际资本的进入

4.3.6 国际企业的“鲶鱼”效应

国家级新区价值链重构进程中，必然会引进一批国际知名的大公司在各个新区设立分部或建造工厂。理论上，国际企业选择进入一个陌生的东道国市场，存在两种行为导向：一是消费和市场导向，这种类型的国际企业将更加专注于东道国庞大的消费市场；二是贸易和出口导向，这种类型的国际企业将更专注于使用东道国低成本的劳动力和要素资源成本，以便在国际市场上供应更有价格竞争优势的产成品。这两种理论解释在现实中都可以找到相应的经验证据。事实上，进入陌生市场的不同导向选择也暗含不同的竞争与合作行为倾向。理论上的逻辑在于，出口导向的国际企业与本土企业形成的主要是产业链上下游关系。因此，企业之间的合作可能大于竞争；而市场导向的国际企业更多地需要与本土企业竞争，较少选择与活跃在中国市场上的本土企业合作。国家级新区在处理国际企业方面，不仅需要市场导向的国际企业来形成“鲶鱼”效应，也需要出口导向的国际企业来带动上下游，如图 4. 11 所示。

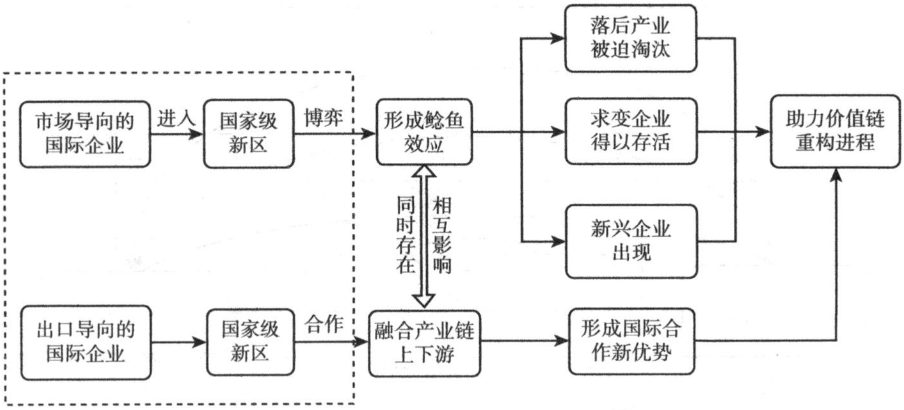

图 4. 11　国际企业的“鲶鱼”效应

市场导向的国际知名公司的进入，不仅带来了新的技术，也加剧了各个细分领域的竞争。国际知名企业发挥的“鲶鱼”效应，将倒逼本地企业进行自我改革，在此过程中，国际企业与国家级新区之间的博弈更加频繁。在此过程中，会有一批落后的本地企业被迫淘汰，一批跟随时代求变的企业存活下来，还会有一批新兴企业冒出来。虽然这个竞争过程非常残酷，但经过这个过程，会为国家级新区培育一批具有国际视野的企业，一批具有竞争精神的企业。通过这些企业不断地开拓创新，国家级新区价值链的重构才会实际提高国家级新区整体的国际竞争力。出口导向的国际企业的进入，也将会发挥整合产业链的作用，与国家级新区的合作大于博弈，共同努力，提升效率。作为对外开放的重要实验基地，国家级新区是我国较早接触外资企业的，必然也会首先碰到这样那样的问题，如何解决才能在即坚持我国特色的条件下，又与外资企业互帮互助，共同发展，是需要国家级新区所考虑的重要问题。

4.4 小　　结

本章首先梳理了产业分工、价值链、双循环和内循环的相关理论和文献，分析了我国整体产业新发展格局的规划，既强调“以国内大循环为主体”，又强调“国内国际双循环相互促进”也至关重要。从合作博弈的角度出发，诠释其内涵，指出了国家级新区价值链重构的发展方向。国家级新区作为促进社会经济发展的主战场，作为高端、高新产业发展的重要承载地，近年来在产业培育发展方面取得了显著成效，成为带动地区经济高质量发展的重要引擎，也面临着与我国内部和外部产业合作博弈，谋求新发展的新局面。所以，向国家政策靠拢，实现政策落地，不仅是时代的选择也是国家级新区价值链重构的大势所趋；其次，从内循环的视角出发，分析内部因素对国家级新区价值链重构的影响机理，发现国家级新区可能出现分工合作效应、产业转移效应、技术创新效应和企业集群效应；最后，从双循环的视角分析外部因素对国家级新区价值链重构的影响机理，发现在国际产业分工进程中，国家级新区价值链重构过程受到资源禀赋约束的改变，存在技术外溢与技术扩散等有利影响，也存在国家之间合作与博弈共存的复杂影响。同时，我国在全球价值链的参与程度和参与地位也会间接影响国家级新区价值链重构的过程。

第 5 章

国家级新区产业发展的比较分析

国家级新区之间的产业发展各有异同，本章将对国家级新区产业发展进行比较分析，主要包括四个部分：第一部分先对国家级新区进行聚类分析，得出聚类结果；第二部分是关于国家级新区产业发展概况分析；第三部分是对国家级新区产业规划作比较分析；第四部分是针对主导产业，对国家级新区主导产业进行对比分析。

5.1 国家级新区聚类分析

5.1.1 方法简介

聚类分析法是按照某种相似性或差异性指标，将样本划分为不同的类别，并将相似度高的样本自动归为同一类簇；聚类过程与分类不同，将相异度高的样本划分至不同类簇。采用不同的相似度计算方法，得出的聚类结果也有所不同。K - means 是聚类算法中应用最广泛的一种，由 Steinhaus（1956）提出，算法中 K 表示类别数，Means 表示均值，即 K - means 是一种通过均值对数据点进行聚类的算法，该方法相似度的评价指标是采用欧式距离，也即是两个对象的空间距离越近，其相似度就越大。K - means 聚类算法的具体步骤如下：

（1）在样本中随机选取 k 个点作为样本的中心点；假设样本中有 n 个数据，记为 $x1, x2, x3, \cdots, xn$；将这些数据划分为 k 类，$k < n$；则 k 有个初始质心，记为 $m1, m2, m3, \cdots, mk$；

(2) 计算其他的点到每个中心点的距离，将样本数据划分到距离最小的中心点的一类；每一类包含的数据的个数为 $C1, C2, C3, \cdots, Ck$；

(3) 计算每个类的中心点：$m_i = \frac{1}{|c_i|}\sum_{x_j \in c_i} x_j, i = 1, 2, \cdots, k$；

(4) 计算误差平方和所有样本点的误差平方和：$J = \sum_{j=1}^{k}\sum_{x_j \in c_i} |x_j - m_i|^2$；

(5) 不断迭代，循环步骤 (2) (3) (4) 步骤，直至误差平方和最小。

聚类运算过程中可能会出现局部最优的情况，为了避免这个问题，应进行多次聚类运算，选取相对最优的一次聚类结果。轮廓系数 (Silhouette Coefficient) 是评估聚类有效性的评价指标，它结合了内聚度和分离度两种因素，在相同数据集的基础上评价不同算法对聚类结果产生的影响，或者算法不同运行方式对聚类结果产生的影响。轮廓系数的表达如式 (5.1) 所示。

$$S(i) = \frac{b(i) - a(i)}{\max\{a(i), b(i)\}}, i = 1, 2, \cdots, n \tag{5.1}$$

其中，i 表示第 i 个数据点。$a(i)$ 是指 i 向量到所有它属于的簇中其他点的距离的算术平均值，它表示了聚类分析后每个类别的内聚度。$b(i)$ 是指 i 向量到所有非本身所在簇的点的平均距离的最小值，它表示了聚类分析后每个类别之间的分离度。以上距离采用欧氏距离度量，均指的不相似度。距离越大，代表不相似的程度越高。轮廓系数 $S(i)$ 的取值范围为 $[-1,1]$。当 $b(i) > a(i)$ 时，数据点与其他簇中数据点的最小平均距离大于与本簇中其他点的平均距离，$S(i)$ 为正值，正值越大，表明聚类效果越好；当 $b(i) < a(i)$ 时，数据点与其他簇中数据点的最小平均距离小于与本簇中其他点的平均距离，$S(i)$ 为负值，负值的绝对值越大，表明聚类效果越差。一般来说，当轮廓系数 $S(i)$ 的取值处于 0 到 0.5 之间时，表明聚类效果良好；当轮廓系数 $S(i)$ 的取值处于 0.5 到 1 之间时，表明聚类效果优异。

5.1.2 指标选取与数据来源

1992 年国务院批复设立上海浦东新区以来，截至 2017 年 4 月，我国共设立了 19 个国家级新区，在我国东中西部均有分布，东部地区 8 个，中部地区 2 个，西部地区 6 个，东北地区 3 个。国家级新区相关数据发布较少，在数据的可得性和可对比性基础上，参考《国家级新区研究报告（2019)》中对各国家级新区在基础条件、新区架构、规划战略、发展路线、产业选择、建设推进等方面的梳理分析指标体系，同时结合《国家级新区比较研究》中对各国家级新区在体制机制、产业聚集、空间功能、社会建设方面的比较研究，基于发展基础、经济总量、经济溢出、发展速度以及发展质量5个维度，选取2018年的新区规划面积、GDP总额、GDP占所在省市比重、GDP增速、固定资产投资增速、财政一般公共预算收入、财政一般公共预算收入增速、财政依存度共计8个经济与社会发展指标，对19个国家级新区进行聚类分析。

相关指标数据来源于2019年的《上海浦东新区统计年鉴》《天津滨海新区统计年鉴》《上海统计年鉴》《天津统计年鉴》《重庆两江新区发展报告2018》《国家级新区发展报告2019》，数据详见表5.1。

表5.1　2018年国家级新区经济与社会发展指标

一级指标	二级指标	变量名	单位
发展基础	规划面积	$X1$	平方公里
经济总量	GDP总额	$X2$	亿元
	财政一般公共预算收入	$X6$	亿元
经济溢出	GDP占所在省（市）比重	$X3$	%
发展速度	GDP增速	$X4$	%
	固定资产投资增速	$X5$	%
	财政一般公共预算收入增速	$X7$	%
发展质量	财政依存度	$X8$	%

5.1.3　实证分析

本书基于K－means聚类方法，结合选取的2018年新区8个经济与社会发展指标，对19个国家级新区进行聚类分析。由K－Means聚类算法原理可以知道，首先要确定聚类类别数K，然后才能进行聚类运算。因此，本书利用枚举法，令聚类数目$k=\{x\mid x=2,3,4,5,6\}$，对每一个确定的K进行聚类，比较分析每次聚类结果的轮廓系数。当$K=4$时，对应的轮廓系数$k=$

0.6157，聚类结果的轮廓系数较大，聚类效果相对优异。基于此，将 19 个国家级新区分成 4 类，分别为Ⅰ、Ⅱ、Ⅲ、Ⅳ，其中Ⅰ类表示国家级新区经济与社会发展水平相对较高，整体竞争力较强，命名为成熟型新区；Ⅱ类表示国家级新区经济与社会发展水平处于快速提升阶段，各项经济建设事业稳步推进，命名为成长型新区；Ⅲ表示国家级新区经济与社会发展水平处于提升阶段，命名为潜力型新区；Ⅳ表示国家级新区正处于建设和发展的关键期，发展潜力进一步凸显，命名为培育型新区。

聚类样本数据共有 8 个变量，每个变量都划分为 4 个等级，即每个变量有 4 个初始质心，记为 $m1$，$m2$，$m3$，$m4$。第 1 个变量的初始质心记为 $m11$，$m12$，$m13$，$m14$，第 2 个变量的初始质心为 $m21$，$m22$，$m23$，$m24$，第 8 个变量的初始质心记为 $m81$，$m82$，$m83$，$m84$。计算各变量的样本数据到初始质心的距离，将到质心的距离最小的样本数据归为一类。根据聚类分析的结果，得出 19 个国家级新区的分类结果，见表 5.1 所示。

表 5.2 中结果显示：第Ⅰ类成熟型新区由 3 个国家级新区组成，分别是上海浦东新区、天津滨海新区，重庆两江新区，占新区总数的 15.78%。三大新区分别依托我国三大直辖市上海、天津以及重庆。新区经济发展水平较高，2018 年实现地区生产总值分别为 10461.6 亿元、7193.5 亿元、2933.4 亿元，占 18 个国家级新区全部生产总值的 48.43%。对所在省市的经济拉动效应明显，成为地区经济发展的增长极，2018 年地区生产总值占所在省市的比重均在 10% 以上，上海浦东新区地区生产总值占上海市的比重为 32.00%，天津滨海新区地区生产总值占天津市的比重为 38.20%，重庆两江新区地区生产总值占重庆市的比重为 14.4%。同时，三大新区财政一般公共预算收入水平较高，上海浦东新区、天津滨海新区和重庆两江新区 2018 年财政一般公共预算收入分别为 1066.2 亿元、463.7 亿元、337.5 亿元，占 18 个国家级新区全部财政一般公共预算收入的 47.63%。

第Ⅱ类成长型新区由 4 个国家级新区组成，分别是青岛西海岸新区、大连金普新区、四川天府新区、湖南湘江新区，占新区总数的 21.05%。四个新区分别依托山东、辽宁、四川、湖南设立。新区经济发展水平处于快速增长阶段。2018 年实现地区生产总值分别为 3517.1 亿元、2437.9 亿元、2714.1 亿元、2300.2 亿元，占 18 个国家级新区全部生产总值的 25.80%。

GDP 增速均在 7% 以上，分别为 9.8%、7.5%、10.1%、10.5%。对所在省市的经济拉动效应明显，成为地区经济发展的核心力量，2018 年地区生产总值占所在省市的比重均在 4% 以上，青岛西海岸新区地区生产总值占山东省的比重为 4.60%，大连金普新区地区生产总值占辽宁省的比重为 9.60%，四川天府新区地区生产总值占四川省的比重为 6.70%，湖南湘江新区地区生产总值占湖南省的比重为 6.30%。同时，四个新区财政一般公共预算收入水平较高，青岛西海岸新区、大连金普新区、四川天府新区和湖南湘江新区 2018 年财政一般公共预算收入分别为 262.7 亿元、162.1 亿元、249.8 亿元、391.2 亿元，占 18 个国家级新区全部财政一般公共预算收入的 27.18%。

第Ⅲ类潜力型新区由 7 个国家级新区组成，分别是南京江北新区、浙江舟山群岛新区、兰州新区、广州南沙新区、贵州贵安新区、陕西西咸新区、福州新区，占新区总数的 36.84%。七个新区分别依托江苏、浙江、甘肃、广东、贵州、陕西、福建设立。新区经济发展水平处于增长阶段。2018 年实现地区生产总值分别为 2528.0 亿元、1316.7 亿元、205.0 亿元、1458.4 亿元、138.3 亿元、381.9 亿元、1838.1 亿元，占 18 个国家级新区全部生产总值的 18.50%。GDP 增速均在 6.5% 以上，分别为 11.3%、6.7%、16.0%、6.5%、12.9%、13.3%、10.6%，其中南京江北新区、兰州新区、贵州贵安新区、陕西西咸新区、福州新区 GDP 增速均超 18 个国家级新区 GDP 增速均值（均值为 9.5%）。对所在省市的经济贡献度明显，对地区经济发展推动作用大，2018 年地区生产总值占所在省市的比重在 1% ~6%。贵州贵安新区地区生产总值占所在省市的比重最低，为 0.9%；福州新区地区生产总值占所在省市的比重最高，为 5.1%。同时，七个新区财政一般公共预算收入水平处在快速增长阶段，七新区 2018 年财政一般公共预算收入分别为 262.8 亿元、146.0 亿元、15.2 亿元、75.2 亿元、20.2 亿元、51.97 亿元、232.7 亿元，占 18 个国家级新区全部财政一般公共预算收入的 20.5%。七新区财政一般公共预算收入增速较高，尤其是南京江北新区、浙江舟山群岛新区、贵州贵安新区、陕西西咸新区，增速分别为 21.1%、16.1%、25.8%、48.4%，均超 18 个国家级新区平均水平（18 个国家级新区财政一般公共预算收入增速均值为 15.9%）。

第Ⅳ类培育型新区由 5 个国家级新区组成，分别是云南滇中新区、哈尔滨新区、长春新区、江西赣江新区、河北雄安新区，占新区总数的 26.32%。五个新区分别依托云南、黑龙江、吉林、江西、河北设立。新区正处于经济建设的关键期。2018 年实现地区生产总值分别为 623.4 亿元、768.4 亿元、960.0 亿元、733.9 亿元（河北雄安新区数据缺失），占 18 个国家级新区全部生产总值的 7.26%。GDP 增速均在 8% 以上，分别为 13.1%、8.0%、8.1%、9.6%，其中云南滇中新区、江西赣江新区 GDP 增速均超 18 个国家级新区 GDP 增速均值（均值为 9.5%）。对所在省市的经济具有拉动作用，在地区经济发展中发挥重要作用，2018 年地区生产总值占所在省市的比重在 3% ~7%。江西赣江新区地区生产总值占所在省市的比重最低，为 3.3%；长春新区地区生产总值占所在省市的比重最高，为 6.4%。同时，五个新区财政一般公共预算收入水平处在快速增长阶段，五新区 2018 年财政一般公共预算收入分别为 76.1 亿元、34.1 亿元、16.6 亿元、57.1 亿元，占 18 个国家级新区全部财政一般公共预算收入的 4.69%。五新区财政一般公共预算收入增速较高，尤其是云南滇中新区、哈尔滨新区、长春新区，增速分别为 33.7%、21.4%、24.2%，均超 18 个国家级新区平均水平（18 个国家级新区财政一般公共预算收入增速均值为 15.9%）。

表 5.2　　国家级新区聚类结果

新区名称	聚类代码	分类命名
上海浦东新区	Ⅰ	成熟型
天津滨海新区	Ⅰ	成熟型
重庆两江新区	Ⅰ	成熟型
青岛西海岸新区	Ⅱ	成长型
大连金普新区	Ⅱ	成长型
四川天府新区	Ⅱ	成长型
湖南湘江新区	Ⅱ	成长型
南京江北新区	Ⅲ	潜力型
浙江舟山群岛新区	Ⅲ	潜力型
兰州新区	Ⅲ	潜力型
广州南沙新区	Ⅲ	潜力型
贵州贵安新区	Ⅲ	潜力型
陕西西咸新区	Ⅲ	潜力型

续表

新区名称	聚类代码	分类命名
福州新区	Ⅲ	潜力型
云南滇中新区	Ⅳ	培育型
哈尔滨新区	Ⅳ	培育型
长春新区	Ⅳ	培育型
江西赣江新区	Ⅳ	培育型
河北雄安新区	Ⅳ	培育型

注：鉴于河北雄安新区设立时间较晚，数据缺失较多，且正处于建设和发展阶段，将其确定为培育型国家级新区。

5.2　国家级新区产业发展概况

5.2.1　产业布局

国家级新区产业布局脉络清晰，符合国家战略需求。产业布局是对一个地区未来产业演化路径的预想，是建立在一个地区经济发展现状、要素禀赋、国内外产业发展态势以及市场潜力等因素的分析基础上，提出的产业规划与布局的具体安排及保障措施。国家级新区在制定经济发展规划时，充分考虑了地区的比较优势、产业基础、资源要素差异、区位优势、国内外环境等综合因素，均明确提出了本区域的产业发展布局，符合国家发展战略需求。国家级新区产业布局情况详见表5.3。

表5.3　　国家级新区产业布局情况

新区类型	新区名称	产业布局
成熟型	上海浦东新区	以张江科学城为中心向外扩散，旨在聚焦现代化经济体系的建设，推进区域核心功能能级的加快提升
	天津滨海新区	确立了八大重点产业，着力形成“产业聚焦、创新驱动、功能集成”的发展格局
	重庆两江新区	重点建设“六大城市功能组团和八大产业集聚平台”

续表

新区类型	新区名称	产业布局
成长型	青岛西海岸新区	秉承“陆海统筹、东西统筹、城乡统筹”，着力构建“一核、两港、五区”的总体发展格局
	大连金普新区	利用现有产业基础和研发能力，发挥临港靠海区位优势，发展五大产业集群
	四川天府新区	形成产城融合的“一带两翼、一城六区”的空间格局
	湖南湘江新区	构建“五走廊、五基地”
潜力型	南京江北新区	聚焦“两城一中心”建设，分布在东部、西部、滨江、沿山丘陵地区、中部五大区域
	浙江舟山群岛新区	在舟山高新技术产业园区和舟山港综合保税区建设我国海洋综合开发示范区
	兰州新区	按照“产业集聚、组团分布、北工南居、产城融合”的总体布局，推进形成“两区八园两通廊”的空间结构
	广州南沙新区	四大特色功能组团和七大功能片区
	贵州贵安新区	三大功能区、八大产业园区和综合保税区
	陕西西咸新区	以资源环境承载能力为硬约束，形成“一心双轴、一河五组团”的空间结构
	福州新区	三大片区：中部、南部、北部片区
培育型	云南滇中新区	主要分布在崇明杨林经济技术开发区和昆明空港经济区等国家级、省级重点园区和安宁国家级重点化工基地
	哈尔滨新区	推动空间分散布局向功能集合再造转变，打造松北科技创新组团、利民大健康产业组团、哈南现代制造业组团
	长春新区	围绕战略定位和产业布局，构建“两轴、三中心、四基地”的发展格局
	江西赣江新区	建设“绿色金融示范区、金融生态集聚区、金融服务功能区、产融结合样板区”
	河北雄安新区	“一主、五辅、多节点”

注：资料来源于国家级新区发展规划。

5.2.2 产业规模

国家级新区工业规模不断扩大。2018 年，国家级新区规模以上工业总产值超过 5 万亿元，同比约增长 8.5%。其中，上海浦东新区和天津滨海新区规模以上工业总产值超过万亿元；重庆两江新区、青岛西海岸新区、大连金普新区、湖南湘江新区、南京江北新区等新区规模以上工业总产值在 3000 亿元以上；兰州新区、贵州贵安新区、陕西西咸新区、青岛西海岸新区、大连金普新区、湖南湘江新区、南京江北新区、云南滇中新区、长春新区、江西赣江新区等新区规模以上工业总产值增速达两位数。2018 年，云南滇中新区、大连金普新区、贵州贵安新区、南京江北新区、湖南湘江新区等新区规模以上工业增加值增速达到两位数。其中，贵州贵安新区规模以上工业增加值增长 44.1%，云南滇中新区规模以上工业增加值增长 50.6%，明显高于全国和所在省的发展水平。

新区主导产业特色明显。2018 年，上海浦东新区战略性新兴产业产值占工业总产值比重达到 41.2%，生物医药、航空航天、新能源制造业分别实现 17.5%、20.8% 和 7.8% 的高速增长。天津滨海新区先进制造业、航空航天、新能源汽车等产业集聚发展，战略性新兴产业产值占规模以上工业总产值比重达到 29.65%，新材料和生物医药产业分别增长 11.79% 和 15.2%。重庆两江新区汽车、电子、装备、生物医药四大产业产值占规模以上工业总产值的比重近 95%。青岛西海岸新区家电制造、石油化工、船舶修造、机械装备制造业占新区规上工业产值的 45% 以上，截至 2015 年，石油化工业、船舶海工业、机械装备制造业分别实现产值 801.5 亿元、304.8 亿元、301 亿元。浙江舟山群岛新区船舶修造业、石油化工业、水产加工业占新区工业总产值的 60% 以上，截至 2019 年 8 月，新区石油化工业规模以上工业总产值同比增长 86.9%，水产加工业增长 7.1%，汽配制造业增长 5.5%，机械加工业增长 4.7%。

5.2.3 产业结构

国家级新区产业结构持续优化。如图 5.1 所示，2018 年绝大多数国家级新区二、三产业占比均超过85%。其中，第三产业占比最高的前四个新区分别是上海浦东新区、青岛西海岸新区、重庆两江新区、贵州贵安新区，分别占75.8%、53%、50.7%、50.1%，均超过50%。第二产业占比超过50%的新区有湖南湘江新区、大连金普新区、广州南沙新区、兰州新区、天津滨海新区，分别占66.58%、59.1%、58.86%、54.27%、54%。上海浦东新区、重庆两江新区、贵州贵安新区、陕西西咸新区、青岛西海岸新区产业结构为“三、二、一”型，天津滨海新区、兰州新区、广州南沙新区、大连金普新区以及湖南湘江新区产业结构为“二、三、一”型，二、三产业对经济贡献率逐步提高。

	浦东新区	滨海新区	两江新区	兰州新区	南沙新区	贵安新区	西咸新区	西海岸新区	金普新区	湘江新区
□第三产业	75.80%	45.80%	50.70%	45.00%	37.66%	50.10%	47.30%	53.03%	37.37%	30.54%
■第二产业	24.00%	54.00%	48.50%	54.27%	58.86%	35.90%	41.40%	44.87%	59.07%	66.58%
▨第一产业	0.20%	0.20%	0.80%	0.73%	3.48%	14.00%	11.30%	2.10%	3.56%	2.88%

注：数据来源于《国家级新区发展报告2019》。由于部分新区2018年数据未公布，重庆两江新区、大连金普新区和湖南湘江新区产业结构比使用2017年数据。

图5.1　2018年部分新区三次产业结构比

5.2.4　产业竞争力

产业竞争力是指某个地区某个产业相对于其他地区该产业的竞争力，主要体现在比较劳动生产率、产品的市场竞争能力、产业发展的可持续性以及产业内企业的盈利能力等方面。

国家级新区在地区内具有较强的竞争力。国家级新区尤其是成熟型国家级新区，在本地区具有较强的竞争力，上海浦东新区、天津滨海新区、重庆两江新区 2018 年地区 GDP 占所在直辖市的比重分别为 32%、38.2%、14.4%。其他新区虽然起步较晚，但是在自己省区仍占不小的比重，而且发展迅速，增速均超过同期全省（市），发展潜力巨大，在区域内拥有较强的竞争力。

国家级新区间竞争力较强，竞争激烈。从国家级新区主导产业发展现状来看，新区主导产业具有同质化趋势，特别是在以汽车制造业、电子设备制造业为代表的装备制造业领域、生物医药制造业领域，大部分新区都培育形成了这些主导产业，因此国家级新区在这些行业的竞争激烈，除部分经济较发达新区拥有较强的竞争力外，其他新区之间竞争力相对较弱。但是，在同一产业内部，各个新区发展的方向又不尽相同，存在一定的差异化，产品也存在一定的差异化，更加剧了新区间的产业竞争。

国家级新区在国际上竞争力整体相对不强。国家级新区虽然在本地区拥有较强的产业竞争力，但是地区之间、新区之间的竞争过于激烈，难以形成新区之间的产业合作，在国际竞争中往往各自为战，没有形成规模效应。部分新区的部分产业虽然在国际竞争中具有比较优势，但是由于我国产业整体处于产业链中低端环节，在国际竞争中往往处于不利位置。因此，国家级新区在参与国际竞争时，一方面要与其他国家，尤其是发达国家进行竞争；另一方面也要于国内其他国家级新区进行竞争，还要面临地区内其他企业的竞争，多重压力下，国家级新区在国际上竞争力整体相对不强。

5.3 国家级新区产业规划的比较分析

5.3.1 产业规划概况

在 19 个国家级新区的产业规划中，涉及 49 个行业共 264 频次。其中，规划布局最多的行业是计算机、通信及其他电子设备制造和商业服务业，在 19 个国家级新区中，有 15 个新区布局了该产业，两个产业的规划数占据了全部规划数的 11.36%。图 5.2 展示了规划数最高的 10 个行业，主要集中于以电子设备、汽车、医药及专用设备制造为代表的先进装备制造业和以信息技术、商务、金融、娱乐及教育为代表的现代服务业；在前 10 的行业中，分布数最低的是教育产业，规划布局数也达到了 9 个，意味着有近半数的国家级新区都布局了教育产业。规划数量最多的 10 个行业累计 122 个，占总规划数量的46.21%，即前十位的行业占据了46.21%的产业规划，产业规划的集中程度比较高。这里还统计了产业规划数超过 5 个的行业，在 49 个行业中只有 19 个行业的规划数超过了 5 个，这 19 个行业累计频次 185 次，占总数的 70.08%。

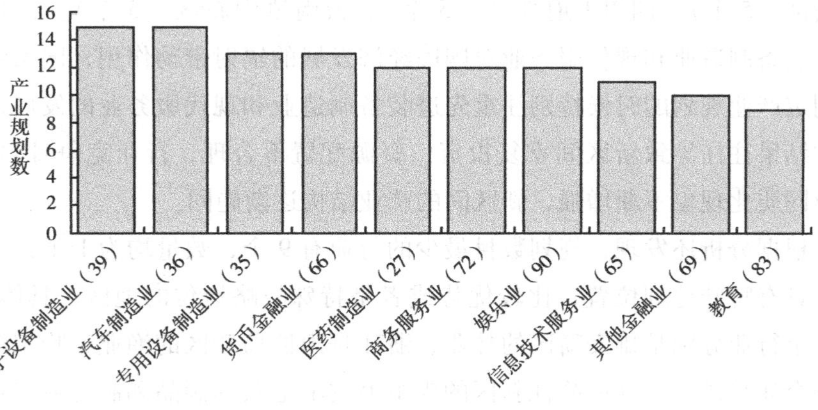

图 5.2　频次最高的 10 个行业频次图

计算机、通信和其他电子设备制造业和商务服务业的布局数都达到了 15 次，在 19 个国家级新区中只有 4 个新区没有布局该产业。其中，浙江舟山群岛新区、广州南沙新区、南京江北新区和福州新区没有布局计算机、通信和其他电子设备制造业，浙江舟山群岛新区、四川天府新区、青岛西海岸新区、江西赣江新区没有布局商务服务业。换言之，有 12 个国家级新区同时布局了这两个产业，国家级新区的产业规划都热衷于布局热门产业；有 13 个国家级新区分别布局了汽车制造业、娱乐业；有 12 个新区布局了专用设备制造业、软件和信息技术服务业、货币金融服务业；有 11 个新区布局了其他金融业；有 10 个新区布局了医药制造业；有 9 个新区布局了教育业。这些产业主要集中于先进装备制造业和现代服务业，先进装备制造业是工业的核心部门，承担着为其他产业各部门提供生产资料和消费资料、带动相关产业发展的重任，能够为国民经济提供不竭的发展动力，是国民经济的发展命脉。现代服务业以新一代信息技术为支撑，运用现代科学技术发展的服务业，不仅能够为生产和市场提供服务，也能更好地满足人民群众高品质生活的需求。

此外，根据分析发现，天津滨海新区、重庆两江新区、河北雄安新区、长春新区同时布局了这10个产业中9个；上海浦东新区、贵州贵安新区和湖南湘江新区同时布局了这10个产业中的8个；布局产业数达到5个的新区还有广州南沙新区（7个）、南京江北新区（7个）、福州新区（7个）、哈尔滨新区（7个）、大连金普新区（6个）、兰州新区（5个）、青岛西海岸新区（5个）、四川天府新区（5个）、云南滇中新区（5个）。正是由于先进装备制造业和现代服务业对国民经济发展的辐射带动作用，国家级新区在制定产业规划的时候特别注重先进装备制造业和现代服务业的发展，而最终的结果往往导致新区间重复投资、资源配置不合理，行业竞争日趋激烈，产业同质化现象不断增强，新区间的产业结构逐渐趋同。

根据分析还发现，规划数目最少的行业有9个，数量均为1个，主要分布在具有特殊地理位置、比较优势或者是特殊战略地位的地区。具体来说，这9个行业分别是雄安新区的林业、浙江舟山群岛新区的渔业、哈尔滨新区的非金属采矿业、江西赣江新区的皮革毛皮羽毛及其制品和制鞋业、重庆两江新区的仪器仪表制造业、青岛西海岸新区的水生产及供应业和广播电视电影及录音制作业、湖南湘江新区的科技推广和应用服务业、青岛西海岸新区的广播电视电影和录音制作业，这些行业主要分布在传统农业、传统工业和传统服务业领域。

5.3.2 产业规划的聚类分析

根据聚类分析的结果，19个国家级新区划分为成熟型、成长型、潜力型、培育型4个类型，其产业规划数见表5.4。在49个行业的264个产业规划中，成熟型新区共布局了27个行业，累计46个产业规划数；成长型新区共布局了33个行业，累计56个产业规划数；潜力型新区共布局了37个行业，累计88个产业规划数；培育型新区共布局了35个行业，累计74个产业规划数。

表 5.4　　　　四种类型国家级新区产业规划数

国民经济行业分类（大类）	成熟型新区	成长型新区	潜力型新区	培育型新区
农业	1	2	2	3
林业	0	0	0	1
渔业	0	0	1	0
石油和天然气开采业	1	0	2	1
非金属矿采选业	0	0	0	1
农副食品加工业	0	2	1	0
纺织服装、服饰业	0	1	0	2
皮革、毛皮、羽毛及其制品和制鞋业	0	0	0	1
石油、煤炭及其他燃料加工业	0	2	1	0
化学原料和化学制品制造业	0	2	2	1
医药制造业	2	3	1	4
黑色金属冶炼和压延加工业	0	1	1	0
有色金属冶炼和压延加工业	0	2	0	1
金属制造业	2	0	1	1
通用设备制造业	0	2	0	2
专用设备制造业	2	4	4	2
汽车制造业	3	3	4	3
运输设备制造业	0	3	3	1
电气机械和器材制造业	0	1	1	0
电子设备制造业	3	4	3	5
仪器仪表制造业	1	0	0	0
金属制品、机械和设备修理业	0	0	2	0
电力、热力生产和供应业	0	1	0	1
水的生产和供应业	0	1	0	0
批发业	1	1	3	0
零售业	1	1	3	2
铁路运输业	1	0	1	1
道路运输业	1	0	3	2
航空运输业	2	0	2	1

续表

国民经济行业分类（大类）	成熟型新区	成长型新区	潜力型新区	培育型新区
装卸搬运和仓储业	1	0	3	1
住宿业	1	2	2	3
餐饮业	1	1	2	2
电信、广播电视和卫星传输服务	0	1	1	1
互联网和相关服务	1	2	1	3
软件和信息技术服务业	3	2	4	3
货币金融服务	3	2	4	3
资本市场服务	2	0	1	2
保险业	1	1	3	3
其他金融业	3	1	4	3
商务服务业	3	2	6	4
研究和试验发展	0	1	2	0
专业技术服务业	0	0	2	0
科技推广和应用服务业	0	1	0	0
教育	1	1	4	3
卫生	1	0	2	3
新闻和出版业	1	0	0	0
广播、电视、电影和录音制作业	0	1	0	0
文化艺术业	0	0	1	1
娱乐业	3	2	5	3

在产业规划数最多的 10 个行业中，四种类型的国家级新区均有布局。产业规划数最多的 7 个行业分别是电子设备制造业、商务服务业、汽车制造业、娱乐业、专用设备制造业、软件和信息技术服务业、货币金融服务业，每种新区至少有 2 个新区规划了这些产业，具体产业规划如图 5.3 所示。在产业规划数最多的 7 个行业中，3 个成熟型新区都规划了其中的 6 个行业，只有专用设备制造业规划了 2 个；4 个成长型新区至少都有一半的新区规划了这 7 个产业；7 个潜力型新区规划最多的产业数是 6 个，最少的也有 3 个新区；5 个培育型新区均规划了电子设备制造业，至少有 2 个新区规划了专用设备制造业。

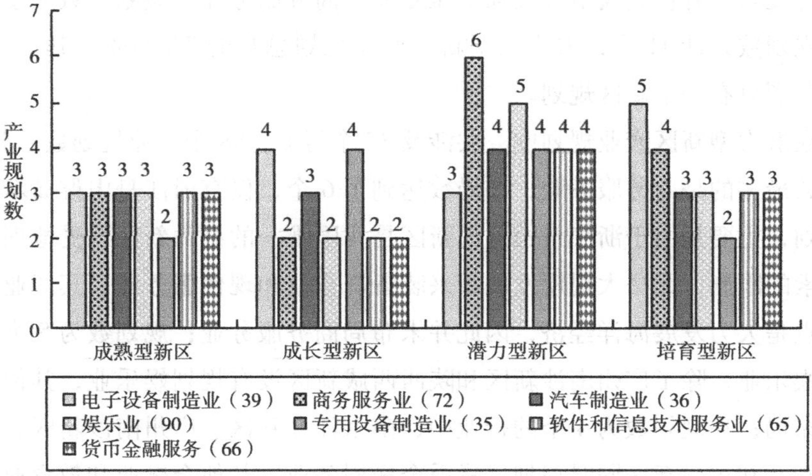

图 5.3　产业规划数最多的 7 个行业

在成熟型新区产业规划中，共涉及 27 个行业，46 个产业规划数。其中，3 个新区都规划了的行业有 7 个，分别是汽车制造业、电子设备制造业、软件和信息技术服务业、货币金融服务业、其他金融业、商务服务业、娱乐业，这 7 个行业累计 21 个产业规划数，占成熟型新区产业规划总数的 45.65%；规划了 2 个新区的行业有 5 个，分别是医药制造业、金属制造业、专用设备制造业、航空运输业、资本市场服务业，这 12 个行业累计 31 个产业规划数，占成熟型新区产业规划总数的 67.39%；在规划数为 2 个的行业中，天津滨海新区和重庆两江新区同时规划了医药制造业、金属制造业和专用设备制造业，上海浦东新区和天津滨海新区同时规划了航空运输业和资本市场服务业；其余 15 个行业都只有 1 个国家级新区规划。

在成长型新区产业规划中，共涉及 33 个行业，56 个产业规划数。其中，专用设备制造业和电子设备制造业在 4 个成长型新区中均有规划；大连金普新区、四川天府新区和湘江新区同时规划了医药制造业，青岛西海岸新区、大连金普新区和四川天府新区同时规划了汽车制造业；青岛西海岸新区和湘江新区同时规划了农业、住宿业、货币金融服务业、娱乐业，大连金普新区和四川天府新区同时规划了农副产品加工业、软件和信息技术服务业，青岛西海岸新区和大连金普新区同时规划了燃料加工业、化学原料及化学制品制造业、通用设备制造业、互联网及相关服务业，大连金普新区和湖南湘江新区同时规划了有色金属冶炼及加工压延业、商务服务业；规划次数大于1的产业规划数累计41次，占成长型新区产业规划总数的73.21%；其余15个行业分别只有一个新区规划。

在潜力型新区产业规划中，共涉及37个行业，88个产业规划数。其中，规划数最多的是商务服务业，布局数达到了6个，仅有浙江舟山群岛新区没有规划，主要是由于浙江舟山群岛新区是我国唯一的群岛新区，受地理及政策因素的限制，无法大规模发展新兴装备制造业和现代服务业，其产业规划的重点是大力发展海洋经济，因此并未布局商务服务业；规划数为5个的行业是娱乐业，除了广州南沙新区和陕西西咸新区没有规划娱乐业，其他新区均有布局；在规划数为4个的行业中，南京江北新区、广州南沙新区、贵州贵安新区和福州新区同时规划了货币金融服务业、其他金融业和教育业，广州南沙新区、贵州贵安新区、陕西西咸新区和福州新区规了软件和信息技术服务业，南京江北新区、广州南沙新区、陕西西咸新区和福州新区专用设备制造业，南京江北新区、兰州新区、广州南沙新区和贵州贵安新区规划了汽车制造业，规划频次不低于4个的产业规划数累计35个，占全部规划数的39.77%；规划数为3个的行业包括电子设备制造业、运输设备制造业、批发业、零售业、保险业、道路运输业和装卸搬运及仓储业等7个行业，其中，南京江北新区规划了这7个行业中的6个，福州新区规划了4个，兰州新区和贵州贵安新区各规划了3个，浙江舟山群岛新区和广州南沙新区各规划了2个，陕西西咸新区只规划了电子设备制造业；有10个行业规划数为10，分别是农业、石油和天然气开采业、化学原料和化学制品制造业、金属制品机械和设备修理业、航空运输业、住宿业、餐饮业、研究和试验发展、专业技术服务业和卫生业，产业规划数超过1个的行业累计规划76次，占全部规划数的86.36%。

在培育型新区产业规划中，共涉及35个行业，74个产业规划数。其中，5个国家级新区均规划了电子设备制造业；4个新区布局了医药制造业和商务服务业，除哈尔滨新区没有规划医药制造业、江西赣江新区没有规划商务服务业外，其他新区及行业均有规划；产业规划数为3个的行业有11个，分别是农业、汽车制造业、住宿业、互联网和相关服务业、软件和信息技术服务业、货币金融服务业、保险业、其他金融业、教育业、卫生业和娱乐业，哈尔滨新区和长春新区各规划了其中的 10 个行业，雄安新区规划了其中的 8 个行业，云南滇中新区规划了 3 个，江西赣江新区只规划了 2 个；规划数为 2 个的行业有纺织服装服饰业、通用设备制造业、专用设备制造业、零售业、道路运输业、餐饮业和资本市场服务业，规划数超过 1 个的行业累计规划 60 次，占全部规划数的 81.08%。

综上可知，在成熟型新区、成长型新区、潜力型新区和培育型新区内，产业规划数达到 2 个的累计规划数占比均超过三分之二。换言之，在不同类型新区内仅有不足三分之一的产业规划具有差异，同一类型内各新区的产业具有趋同性趋势，尤其是在装备制造业和现代服务业领域，部分新区的产业规划高度雷同，产业发展目标具有一致性，而最终的结果往往导致新区间的产业竞争日趋激烈，产业同质化现象愈发严重，产业结构逐渐趋同。

5.3.3 产业规划的比较分析

根据前两节的分析发现，产业规划数超过 1 个的行业有 40 个，在 59 个行业中有 40 个行业的规划具有重复性；产业规划数超过 4 个的行业有 24 个，规划数累计 210 个，占全部规划数的 79.55%，换言之，有近八成的产业规划具有相似性，国家级新区的产业规划大都集中在少数行业中；产业规划数最多的 10 个行业占全部产业规划数的 46.21%，近半数的产业规划集中在这 10 个行业中，产业规划重复较严重，产业发展高度雷同，产业结构同质化趋势明显。

具体而言，在成熟型新区中，除教育业只有 1 个新区规划外，其他 9 个行业均有 2 个以上新区规划，且其中 7 个行业都有 3 个新区规划。在成长型新区中，规划数为 4 的行业有 2 个，规划数为 3 的行业有 2 个，规划数为 2 的行业有 4 个，规划数为仅为 1 的行业有 2 个。在潜力型新区中，规划数为 6 的行业有 1 个，规划数为 5 的行业也只有 1 个，规划数为 4 的行业有 6 个，剩余 2 个行业的规划数分别为 3 和 1。在培育型新区中，所有行业的规划数均超过了 1 个，其中规划数为 5 的行业有 1 个，规划数为 4 的行业有 2 个，规划数为 3 的行业达到了 6 个，规划数为 2 的行业也仅有 1 个。

如图 5.4 所示，在电子设备制造业和商务服务业中，19 个国家级新区中有 15 个新区都规划了这两个行业，无论是成熟型新区、成长型新区还是潜力型新区、培育型新区，都重点发展了这两个行业，主要是由于这些行业在国民经济中占有很大比重，对经济发展有很强的带动作用，能够更好地推动新区经济长期可持续发展。在汽车制造业和娱乐业中，有 13 个国家级新区都规划了这两个行业，其中成熟型新区均规划了这两个行业，成长型新区、潜力型新区和培育型新区也有半数以上的新区计划发展这两个行业，汽车制造业和娱乐业在成熟型新区中已经得到了很好的发展，形成了比较优势，即便如此，考虑到汽车制造业和娱乐业对其他相关行业的辐射作用以及新区自身产业结构的优化与完善，其他类型新区也依然需要发展该行业。在专用设备制造业、软件和信息技术服务业、货币金融服务业中，四种类型新区均有半数以上的新区规划了这些产业，其中三个成熟型新区均发展了软件和信息技术服务业、货币金融服务业，一方面是由于该行业对其他产业发展有极大的带动作用，产业结构的优化升级需要这些行业带动；另一方面考虑到产业结构过度同质化会带来恶性竞争、产能过剩等一系列问题，进而阻碍新区内部产业调整与升级。因此，虽然多半新区计划发展该行业，但仍有部分新区

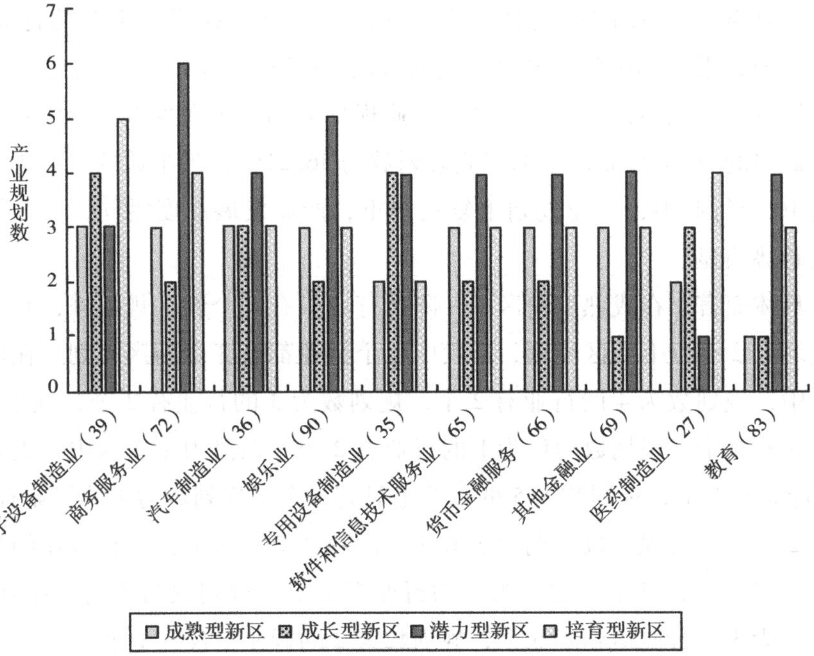

图 5.4　产业规划数最多的行业聚类分布图

处于自身产业发展的需要，没有布局该行业。在其他金融业、医药制造业和教育业，这个三个行业虽然整体规划数较多，但是四种类型新区之间呈现出一定的差异化，具体而言，成熟型新区注重其他金融业和医药制造业的发展，成长型新区偏好于医药制造业，潜力型新区侧重于其他金融业和教育业，培育型新区则对这三个行业都很看重。

5.4 国家级新区主导产业的对比分析

5.4.1 主导产业发展现状

5.4.1.1 整体发展现状

国家级新区主导产业整体发展各具特色，定位明确，具有显著带动作用。主导产业是指在区域经济中居于主导地位、发挥主导作用，在国民生产总值中占比重较大的产业或产业集群。主导产业具有很强的带动和引领作用，很大程度上影响经济增长的速度和质量。国家级新区主导产业的形成，主要是依托于各新区自身的资源禀赋、区位优势以及国家战略需要，所以各新区具有不同特色的主导产业。具体来说：（1）充分发挥临海区位的比较优势，适合发展海洋经济。青岛西海岸新区和浙江舟山群岛新区毗邻海洋，自然资源禀赋，分别发展了船舶修造业与水产品加工业；（2）依托自身传统制造业的雄厚基础优势，可重点发展制造业。重庆两江新区、大连金普新区重点发展了以汽车制造业、电子设备制造业等为代表现代装备制造业；（3）毗邻外国的区位优势，可以发展外向型经济。青岛西海岸新区面向日韩，发展了石油化工产业、汽车及零部件制造业等，哈尔滨新区则以对俄合作为主题发展；（4）依托政策优势，可发展适应国家战略需要的产业。陕西西咸新区依托机场优势和“一带一路”政策优势，以航空物流、航空维修为主导发展临空经济；（5）上海浦东新区背靠大上海全国金融中心，则选择金融业作为主导产业。雄安新区肩负着疏散北京非首都功能，适合发展新一代信息技术产业与高端现代服务业。这些主导产业都能代表新区在某一产业领域的竞争优势，通过产业结构不断升级优化，产业产值发展迅速，不断增长，对于新区发展具有显著的带动作用。

但国家级新区主导产业，在一定程度上也存在同质化竞争的现象。国家级新区在国家政策优惠、管理体制机制、发展规划目标等方面都具有相似性，因而在主导产业的选择和发展上具有一定的产业趋同性。主要有：（1）天津滨海新区、重庆两江新区、贵州贵安新区和四川天府新区先后将电子信息产业列为主导产业；（2）天津滨海新区、重庆两江新区、广州南沙新区和四川天府新区均将汽车产业作为主导产业；（3）上海浦东新区、天津滨海新区、湖南湘江新区、南京江北新区、兰州新区、贵州贵安新区等将生物医药产业作为主导产业。

5.4.1.2 成熟型新区

经过二十多年的发展，上海浦东新区已经形成了“6+1”七大主导产业，其中“6”是指“中国芯”“创新药”“智能造”“蓝天梦”“未来车”“数据港”等六大“硬核”产业。2018 年，上海浦东新区集成电路规模突破 1000 亿元、占上海全市的73%；医药产业规模672 亿元，占上海全市的46%；软件和信息服务业增加值 938 亿元，占上海全市的 48.7%；新区汽车制造业 2017 年完成总产值 2242.50 亿元，比上年增长 2.4%，占全区工业总量的 21.8%。目前，上海浦东新区正在打造第七大产业：“最强光”。此外，上海浦东新区的金融业和商贸业也成为其优势产业，上海浦东新区已形成完整的金融产业链，是全球金融机构最集聚的地区之一，2018 年上海浦东新区金融业实现增加值 2937.10 亿元，占新区 GDP 的 28.1%，占全市金融业增加值的 50.8%；上海浦东新区商品销售总额 36454.44 亿元，社会消费品零售总额 2201.34 亿元，批发和零售业实现增加值 1470.13 亿元，占全区第三产业增加值的 20.4%。

经过十几年的发展，天津滨海新区形成了新一代信息技术产业集群、高端装备制造产业集群、生物医药产业集群、新能源汽车产业集群、新材料产业集群、节能环保产业集群、战略性新兴产业服务业集群共七大集群。新区在汽车及装备制造业领域，已经成为我国重要的新能源汽车产业基地。天津滨海新区的石油化工产业发展态势好，已经建成了我国最大的炼化一体化基地，以石油化工为主，石油化工、海洋化工、精细化工、能源与资源综合利用四大产业多点支撑的产业格局基本形成。2018 年，天津滨海新区电子信息产业实现产值 1298.05 亿元，占工业总产值比重为 14.37%。航空航天产业实现产值 29.41 亿元，机械装备产业实现产值 685.68 亿元，两项合计占工业总产值比重为 7.92%。生物医药产业实现产值 326.31 亿元，占工业总产值比重为 3.61%。汽车产业实现产值 1462.69 亿元，占工业总产值比重为 16.19%。新材料产业产值 769.05 亿元，占工业总产值比重为 8.51%。新能源产业实现产值 372.84 亿元，占工业总产值比重为 4.13%。资源循环及环保产业实现产值 25.87 亿元，占工业总产值比重为 0.3%。以战略性新兴产业服务业集群为主的第三产业占比达到 45.8%。

重庆两江新区设立之初，规划了“一心四带”的产业发展总体布局，重点发展先进制造业、高端服务业、高科技产业等产业。经过 10 年的发展，重庆两江新区培育形成了“3311”产业体系，即 3 大优势支柱产业、3 大新支柱产业、10 大战略性新兴制造业、10 大战略性新兴服务业，见表 5.5。2017 年重庆两江新区汽车、电子等传统支柱产业逐步健全，加快向高端化、智能化、绿色化转型升级，汽车制造业、电子信息业和装备制造业占新区工业总产值的 85% 以上；汽车产业产值达 2686.91 亿元，占工业总产值的 52.9%；电子信息产业产值 1415.41 亿元，占工业总产值的 27.8%；装备制造业产值 346.52 亿元，占全区工业总产值的 6.8%；战略性新兴产业占比达到 26.9%，增速达到 27.4%。

表 5.5　　重庆两江新区“3311”产业体系

3 大优势支柱产业	汽车制造业、电子信息产业和装备制造业
3 大新支柱产业	大数据产业、大健康产业和绿色环保产业。
10 大战略性新兴制造业	新能源及汽车制造业、电子核心部件制造业、机器人及智能装备制造业、云计算及物联网制造业、可穿戴设备及职能终端制造业、通用航空制造业、生物医药及医疗器械制造业、能源装备制造业、节能环保产业和新材料产业。
10 大战略性新兴服务业	新型金融业、国际物流业、大数据及信息服务业、软件设计及服务外包业、跨境电子商务及结算业、保税商品展示及报税贸易业、总部贸易和转口贸易服务业、专业服务业、健康医疗产业和文创旅游服务业。

注：“3311”产业体系，即 3 大优势支柱产业、3 大新支柱产业、10 大战略性新兴制造业、10 大战略性新兴服务业。

5.4.1.3 成长型新区

青岛西海岸新区主导产业优势明显、特色突出，充分发挥临海区位的比较优势，为经济发展提供动力。目前，新区已形成五大主导产业，分别为家电制造、石油化工、船舶修造、汽车及零部件制造、机械装备制造。新区主导产业中，家电制造、石油化工、船舶修造、机械装备制造业占新区规上工业产值的45%以上。2014 年，新区家电产业实现规模以上工业产值 969 亿元，占规模以上工业产值的 18.56%，已成为我国北方最大的家电生产基地。截至 2015 年，石油化工业、船舶海工业、机械装备制造业分别实现产值 801.5 亿元、304.8 亿元、301 亿元，分别占新区规模以上工业产值的 15.35%、5.84%、5.76%，成为我国四大海洋工程基地与重要的船舶修造基地之一。

大连金普新区依托大连传统制造业的雄厚基础，不断发挥产业的集聚效应，扩大产业规模，助推主导产业发展。目前，新区已形成装备制造、生物医药、汽车及零部件制造、电子信息、石化及精细化工、保税物流、保税商品贸易七大主导产业。装备制造业方面，新区已形成以高端数控机床和自动化主控系统为主导产业的智能制造装备产业。新区生物医药业规模大，生物企业、医药工业企业发展态势好，占全市的 90% 以上，成为辽宁三大生物产业集聚区之一。拥有规模以上生物医药企业 50 余家，其中年产值过亿元的企业近 10 家。新区整车项目和零部件项目共同发展，汽车零部件产业已落户企业 120 余家，新能源汽车产业链完备。电子信息产业规模大，占全市的 60%、全省的 1/3 以上，现有电子信息产品制造企业 471 家，其中规模以上企业 111 家，产值超过亿元企业 45 家，超过 10 亿元的有 8 家。近 80 家精细化工企业入驻新区，形成了精细化工产业集群。新区形成了以港口业为核心的口岸物流体系，以保税业务为核心的保税物流体系，现已建成 11 个大宗实体交易市场和 3 个大宗电子商品交易市场。

四川天府新区依托政策优势和教育资源优势，合理利用当地人才资源，与各大高校签订人才培养战略协议，同时大量引进主导产业相关项目、企业和人才，推动主导产业的快速发展。目前，新区已基本形成电子信息、汽车制造、新能源、新材料等主导产业。新区电子信息业依托天府软件园大量引进有竞争力的国际和国内企业，产业涵盖电子信息产品研发、高端零部件制造、物联网等重要领域，产值接近3000亿元。汽车制造业全面发展，涵盖研发设计、关键零部件制造、新能源汽车等主要产业链环节。新区新能源新材料产业正吸引大量企业、人才不断落户，已经形成产业集聚效应，高端装备产业实现聚集发展。电子信息、汽车工业、生物医药、轨道交通等传统优势产业正在向智能化转型。目前已培育743家规模以上工业企业，形成2个千亿级产业、8个百亿级产业。

湖南湘江新区主导产业特色鲜明。新区主要涵盖了长沙国家高新技术产业开发区、宁乡经济技术开发区和望城经济技术开发区三大国家级园区，形成了先进装备制造业、电子信息及互联网产业、新能源与节能环保产业、新材料产业、生物医药产业、现代服务业、食品饮料产业等主导产业，截至2019年地区生产总值达到2467.96亿元，同比增长9.1%；规模以上工业增加值增长12.1%。其中先进装备制造业，以长沙国家高新技术产业开发区为主，规模较大，聚集了300余家企业，其中规模工业企业68家，上市企业4家，拥有8家国家级创新平台，各类省级创新平台24家，覆盖了工程机械、电线电缆、轨道交通、增材制造等产业领域。食品饮料产业是宁乡经济技术开发区第一主导产业，现已培育和引进50多家品牌食品企业，重点发展液态食品、休闲食品、健康食品、湘味食品，努力打造承东启西、贯通南北的食品加工集散贸易中心和制造基地。望城经济技术开发区的主导产业有色金属新材料暨先进制造、食品医药、电子信息等，有1800多家企业入驻园区，其中规模以上工业企业有201家，境内外上市公司、世界500强企业66家。

5.4.1.4 潜力型新区

南京江北新区主导产业增长迅速，优势明显。新区全力打造集成电路、生物医药、新能源汽车以及新金融产业为主导产业。截至2017年，新区131个重点产业项目完成投资289亿元，战略性新兴产业主营业务收入实现1450亿元，增长29%，地区生产总值达1030亿元，增速9.5%，居全市第一。其中集成电路产业增长最为突出，2018年主营业务收入同比增长30%，2019年上半年同比增长122%，国内排名前十的集成电路设计企业，纷纷选择入驻新区，目前有一半已经落户。生物医药产业发展迅速，集聚了一批优质企业，700余家生命健康相关企业已经落户新区，构成了以研发创新为主的生命健康产业结构，建成国家健康医疗大数据中心，2018 年主营业务收入突破 500 亿元。新能源汽车产业初具规模，总投资过百亿元的新能源汽车项目博郡新能源汽车项目落户。新金融产业发展趋势向好，PE、VC 等新金融业态得到大力发展，重点为集成电路、生命健康等新兴产业提供资本支撑。截至目前，已经有 100 多家各种类型新金融机构落户新区，集聚各类金融资本的规模达到 2000 亿元。

浙江舟山群岛新区主导产业优势明显。截至 2019 年，新区形成了船舶修造业、石油化工业、水产加工业、机械加工业、汽配制造业、电子电机业、电力生产供应业七大主导产业。其中，船舶修造业、石油化工业、水产加工业占新区工业总产值的 60% 以上。截至 2019 年 8 月，新区主导产业增长迅速，石油化工业规模以上工业总产值同比增长 86.9%，水产加工业增长 7.1%，汽配制造业增长 5.5%，机械加工业增长 4.7%。但是，受国内外经济形势的影响，部分主导产业增长缓慢，甚至出现负增长。2020 年第一季度，受新冠肺炎疫情以及中美贸易战的影响，浙江舟山群岛新区的主导产业出现倒退，但随着国内疫情的缓解、经济的复苏，新区主导产业呈回升态势。

兰州新区主导产业受地理位置影响显著。目前，新区形成了九大主导产业，分别是先进装备制造、绿色化工、大数据和信息化、新材料、新能源汽车、生物医药、商贸物流、文化旅游、现代农业。新区承接产业转移，引进各类项目及企业，大数据和信息化产业、新能源汽车业、文化旅游业投资额都超过 40 亿元。截至 2018 年 10 月，先进装备制造业实现产值超百亿元，新能源汽车业也实现年产值 500 亿元以上。兰州新区充分利用其作为“一带一路”重要节点和辐射西北地区的独特区位优势，商贸旅游业方面，新区开通中欧国际货运班列及兰州至西亚物流通道；文化旅游业方面，新区提炼秦王川特色历史文化。

广州南沙新区主导产业优势明显。受地理位置及政策影响，新区主导产业间联系紧密，多个主导产业均与航运相关。目前，新区形成了航运物流、高端制造、金融商务、科技创新、生命健康五大主导产业。新区航运物流产业发展增速快，保税物流、跨境电商 2020 年上半年进出口额增长均超过 20%，中欧班列进出口总额累计达 3933 万欧元。新区其他主导产业发展规模巨大，高端制造方面，新区重点发展船舶制造、汽车制造、重型装备制造，成为国家三大造船基地之一，汽车产业集群产值突破千亿元；金融商务方面，新区现有机构6451家，注册资本超3600亿元，形成了以航运金融、科技金融、融资租赁等为特色的创新型金融服务体系；科技创新方面，新区共有高新技术企业475家，人工智能企业170多家，科技服务机构超50家。

贵州贵安新区大量引进主导产业项目。目前，新区重点发展大数据电子信息、高端装备制造、新医药大健康、文化旅游、现代服务业五大主导产业。截至2018年6月，新区累计引进五大主导产业项目344个，总投资3184.518亿元，到位资金482.2654亿元。新区主导产业增长迅速。2018年，新区大数据产业生产总值达376.1亿元，同比增长10%；高端装备制造产业园实现总产值48.36亿元；第一季度旅游综合收入达7.95亿元，同比增长12.3%。2019年，新区大数据产业生产总值达423.87亿元，同比增长12.7%；1～11月，高端装备制造产业园完成总产值51.16亿元；上半年旅游综合收入22.17亿元。

陕西西咸新区重视产业集聚，打造形成主导产业集群。目前，新区已形成了先进制造、电子信息、临空经济、科技研发、文化旅游与总部经济六大千亿级主导产业集群。新区主导产业引进项目多，其中先进制造业以汽车和智能电器为主要引进内容；电子信息业以大数据为主导引进运营商数据中心等；新区依托机场优势和"一带一路"政策优势，以航空物流、航空维修为主导发展临空经济，2018年实现临空经济产值100亿元，引进10余个航空企业区域总部企业及大批物流行业龙头企业；新区依托位于丝路的区位优势，以历史文化旅游、文化创意为主导建设、引进项目，发展文化旅游业；以金融、企业总部为主导发展总部经济，截至2018年5月，20余家总部类项目已经落户。

福州新区按照组团式开发的思路发展主导产业。目前，新区核心区重点发展以商务金融、经贸交流、创新研发、文化会展为主的高端服务业；南翼发展区重点发展海洋经济、临港重化、电子信息业；北翼发展区以能源、冶金、机械制造业为主；福平综合发展轴重点承担综合服务、区域商贸、总部经济、高端科技研发等职能。其中，新区电子信息业、机械制造业基础好、规模大，2015年分别实现产值951亿元、1265亿元（占全市工业总产值的16%）。其余主导产业发展迅速，石化产业2015年实现产值276亿元，增长

10.7%，形成福州市工业重要的新增长点；海洋经济产业2019年全年累计完成集装箱吞吐量240.58万标箱，同比增长14.5%，1～11月海铁联运发箱量累计完成3.62万标箱，同比增长高达97.3%；2020年第一季度，新区经济贸易受新冠疫情影响小，主导产业加速发展。

5.4.1.5 培育型新区

云南滇中新区主导产业发展重点明确，一直呈持续稳定增长状态。新区规划的主导产业为石油化工业、生物医药业、新材料、高端制造业和电子信息业。近几年，还培育发展了包括高端商务和总部经济、商贸及现代物流、旅游和健康服务3方面的现代服务业。其中发展较为突出的是高端制造业、石油化工产业以及生物医药业，高端制造业重点打造以“汽车及配套”和“机器人”等板块为主导，围绕“新能源汽车、整车生产、汽车配套”为核心发展，截至2019年，新区汽车生产组装2100辆，新能源汽车占1500辆。石油化工产业累计加工原油量不断增加，据统计，云南省40%的汽柴油、70%的航空用油、80%的液化石油气均由云南石化提供。截至2019年5月，中缅原油管道已累计输送原油1930多万吨，有力促进了国际油气合作，推动“一带一路”和西部陆海新通道建设。与此同时，生物医药业的投资也在不断扩大，2019年新区生物医药和大健康产业实现主营业务收入181.5亿元，同比增长16.5%，成为新区经济增长的新引擎。

哈尔滨新区结构调整后，主导产业发展呈增长趋势，尤其是战略性新兴产业取得了显著成效。新区发展形成了新一代信息技术产业、新材料新能源产业、高端装备制造产业、金融及现代服务产业、文化旅游产业、绿色食品产业及生物医药产业七大主导产业。截至2018年第一季度，以生物产业、新材料产业、高端装备制造业为代表的战略性新兴产业产值增长18.8%，占全市份额提升至69.4%。其中2017年，新区四大战略性新兴产业增加值同比增长48.6%，高端装备制造业、生物产业、新材料产业增加值分别同比增长31.1%、40.8%、133.1%，战略性新兴产业增加值占规模以上工业增加值的3.4%。2018年，新区战略性新兴产业增加值实现同比增长28.9%；生物产业、新材料产业和高新装备制造业发展迅速，增加值同比增长分别为34.2%、5.5%和3.6%，战略性新兴产业增加值占规模以上工业增加值的

28%。由于受经济形势与其他因素的影响，也有一两个主导产业出现了产值下降的情况，但不影响整体发展增长趋势。

长春新区主导产业结构不断优化升级，实现正增长趋势。新区主要围绕先进制造业、现代服务业以及现代农业三大主导产业发展。其中，新区先进制造业中重点发展汽车及零部件、高端装备制造、生物医药、新材料新能源、光电子。截至2018年，占主导地位的先进装备制造业同比增长9.6%，生物医药产业同比增长12.1%，光电子产业同比增长24%，新能源、新材料产业集群基本形成，同比增长21.4%，医药健康产业同比增长26%。现代服务业中，新区重点发展科技金融、信息服务、商贸物流、旅游会展、文化创意、健康养老。截至2018年，各商业中心不断增加建设，扩大投资，新区高端服务业集聚发展规模壮大。现代农业中，新区重点发展精优食品、都市农业，积极构建现代农业产业体系、生产体系、经营体系。精优食品产业爆发式增长，截至2018年，产值同比增长183.5%。

江西赣江新区主导产业增长迅速，均呈现正增长趋势。现代轻纺产业、有机硅新材料产业、新能源新材料产业、智能装备产业、生物医药产业、光电信息产业，这六个产业成为新区的六大主导产业。截至2017年，现代轻纺产业主营业务收入为221.31亿元，同比增长23%；有机硅新材料产业主营业收入为199.03亿元，同比增长31.5%；新能源与新材料产业主营业务收入为339.39亿元，同比增长10%；智能装备产业主营业务收入为271.79亿元，同比增长64.4%；生物医药产业主营业务收入为240.63亿元，同比增长22.6%；电子信息产业主营业务收入为449.47亿元，同比增长17.2%。

河北雄安新区主导产业结构优势明显，重点明确，实力不断增强。新区明确发展的主导产业为新一代信息技术产业、现代生命科学和生物技术产业、新材料产业、高端现代服务业和绿色生态农业。雄安新区将建设数字城市作为城市建设的重点，注重新一代信息技术产业的发展，重点发展的产业领域是物联网、下一代通信网络、大数据、人工智能、云计算、网络安全、工业互联网等信息技术产业。现代生命科学和生物技术产业也是雄安新区的主导产业之一，细胞治疗、脑科学、基因工程、组织工程、分子育种等前沿技术成为新区率先发展的重点。新区的新材料产业明确了发展方向，主要聚焦于宽带通信、人工智能、新型显示、高效储能、高端医疗等产业发展。新区重点推进服务业和制造业的深度融合，发展科创服务、金融服务、商务服务、现代供应链、智慧物流、智慧教育、智慧医疗、数字规划、数字创意等现代服务业。在绿色生态农业方面，新区发展的现代生物科技农业以生物育种为主体，新区还积极建设国家农业科技创新中心和现代农业设施园区，以此来推动花卉和苗木的育种与栽培研发。

5.4.2 对比分析

5.4.2.1 主导产业与产业规划的对比分析

成熟型新区因其设立时间较早，发展时间更长，形成了更加完善的现代产业体系，而其产业规划由于制定时间较早，新区发展经验不足。因此，在实际发展过程中，形成的主导产业与其规划的产业差别较大，具体产业见表5.6。

表5.6　成熟型新区主导产业和规划产业

新区名称	主导产业	规划产业
上海浦东新区	集成电路产业、生物医药产业、智能装备制造产业、航空航天产业、汽车制造业、软件和信息技术服务业、光电子产业	批发业、零售业、软件和信息技术服务业、货币金融服务、资本市场服务、保险业、其他金融业
天津滨海新区	新一代信息技术产业、高端装备制造产业、生物医药产业、新能源汽车产业、新材料产业、节能环保产业、战略性新兴产业服务业	石油和天然气开采业、汽车制造业、运输设备制造业、软件和信息技术服务业
重庆两江新区	汽车制造业、电子信息产业、装备制造业大数据产业、大健康产业、绿色环保产业	专用设备制造业、汽车制造业、电子设备制造业、仪器仪表制造业、软件和信息技术服务业

成长型新区的规划产业较为相似，目前形成的主导产业也有一定趋同，但在此基础上仍各具特色。具体来说，规划产业中，四个新区都涉及

农业或农副食品加工业，三个新区涉及装备制造业、医药制造业，两个新区涉及石油煤炭及其他燃料加工业、化学原料和化学制品制造业、住宿业、互联网产业、广播电视产业、娱乐业、有色金属冶炼、商务服务业。目前形成的主导产业中，三个新区涉及汽车制造业、装备制造业、电子信息业，两个新区涉及新能源新材料产业。青岛西海岸新区利用其区位优势发展了船舶制造业，湖南湘江新区发展了食品饮料业等，较为独特。具体产业见表5.7。

表5.7　　　　成长型新区主导产业和规划产业

新区名称	主导产业	规划产业
青岛西海岸新区	家电制造、石油化工、船舶修造、汽车及零部件制造、机械装备制造	农业、石油煤炭及其他燃料加工业、化学原料和化学制品制造业、装备制造业、水的生产和供应业、住宿业、互联网产业、货币金融服务业、广播电视电影和录音制作业、娱乐业
大连金普新区	装备制造业、电子信息产业、汽车及零部件产业	农副食品加工业、纺织服装服饰业、石油煤炭及其他燃料加工业、化学原料和化学制品制造业、医药制造业、有色金属冶炼、黑色金属冶炼、装备制造业、互联网产业、软件和信息技术服务业、商务服务业
四川天府新区	电子信息产业、汽车制造业、新能源新材料产业	农副食品加工业、医药制造业、装备制造业、电力热力生产供应业、软件和信息技术服务业、研究和试验发展业
湖南湘江新区	先进装备制造业、电子信息及互联网产业、新能源与节能环保产业、新材料产业、生物医药产业、现代服务业、食品饮料产业	农业、医药制造业、有色金属冶炼、专用设备制造业、电子设备制造业、批发零售业、住宿和餐饮业、电信广播电视和卫星传输服务、金融业、商务服务业、科技、教育业、娱乐业

潜力型新区中，南京江北新区现有主导产业和规划时差异较大。南京江北新区地处南京，位于大型省会城市，又有独特的政策优势和靠近上海以及长江的地理优势，其形成的主导产业逐步完善。福州新区依托其地理位置优势，形成了海洋经济主导产业。具体产业见表5.8。

表 5.8　　潜力型新区主导产业和规划产业

新区名称	主导产业	规划产业
南京江北新区	集成电路产业、生物医药产业、新能源汽车产业、新金融产业	农业、化学原料和化学制品制造业、装备制造业、批发零售业、交通运输业、装卸搬运和仓储业、住宿和餐饮业、金融业、教育业、娱乐业
浙江舟山群岛新区	船舶修造业、石油化工业、水产加工业、机械加工业、汽配制造业、电子电机业、电力生产供应业	渔业、石油化工业、农副食品加工业、运输设备制造业、金属制品机械和设备修理业、批发业、专业技术服务业、娱乐业
兰州新区	先进装备制造、绿色化工、大数据和信息化、新材料、新能源汽车、生物医药、商贸物流、文化旅游、现代农业	石油和天然气开采业、医药制造业、金属制造业、汽车制造业、电子设备制造业、交通运输业、装卸搬运和仓储业、商务服务业、研究和试验发展、娱乐业
广州南沙新区	航运物流业、高端制造业、金融商务业、科技创新产业、生命健康产业	化学原料和化学制品制造业、装备制造业、电信广播电视和卫星传输服务、金融业、商务服务业、教育业
贵州贵安新区	大数据电子信息产业、高端装备制造业、新医药大健康产业、文化旅游产业、现代服务业	农业、汽车制造业、电子设备制造业、批发零售业、住宿和餐饮业、互联网产业、金融业、卫生业、教育业、娱乐业
陕西西咸新区	先进制造业、电子信息产业、临空经济、科技研发、文化旅游产业、总部经济	装备制造业、航空运输业、软件和信息技术服务业、商务服务业、卫生业
福州新区	商贸服务业、海洋经济、电子信息产业	黑色金属冶炼、专用设备制造业、零售业、道路运输业、装卸搬运和仓储业、金融业、软件和信息技术服务业、商务服务业、研究和试验发展、教育业、文化艺术和娱乐业

培育型新区整体设立时间较晚，产业规划较为成熟，目前形成的主导产业与规划产业差别不大。各新区主导产业各具特色，只有部分主导产业相同。其中，共四个新区发展新材料产业，三个新区发展生物医药产业、现

代服务业，两个新区发展高端装备业、新一代信息技术产业。具体产业见表 5.9。

表 5.9　　　　培育型新区主导产业和规划产业

新区名称	主导产业	规划产业
云南滇中新区	汽车及高端装备业、石油化工产业、新材料产业、电子信息产业、生物医药产业	石油和天然气开采业、医药制造业、有色金属冶炼、金属制造业、专用设备制造业、汽车制造业、电子设备制造业、道路运输业、住宿业、商务服务业、卫生
哈尔滨新区	新一代信息技术产业、新材料新能源产业、高端装备制造产业、金融及现代服务产业、文化旅游产业、绿色食品产业、生物医药产业	农业、非金属矿采选业、电子设备制造业、零售业、住宿和餐饮业、金融业、教育和卫生、娱乐业
长春新区	先进制造业、现代服务业、现代农业	农业、医药制造业、装备制造业、电力热力生产和供应业、航空运输业、住宿和餐饮业、金融业、教育和卫生、文化艺术和娱乐业
江西赣江新区	现代轻纺产业、有机硅新材料产业、新能源新材料产业、智能装备产业、生物医药产业、光电信息产业	轻纺工业、化学原料和化学制品制造业、医药制造业、通用设备制造业、汽车制造业、电子设备制造业、零售业、通信业
河北雄安新区	新一代信息技术产业、现代生命科学和生物技术产业、新材料产业、高端现代服务业和绿色生态农业	农业、林业、纺织业、医药制造业、通用设备制造业、电子设备制造业、交通运输业、金融业、教育业、娱乐业

5.4.2.2　不同类型新区内主导产业发展现状对比分析

（1）成熟型新区。

在成熟型新区中，3 个国家级新区的主导产业都涵盖了电子信息产业、生物医药产业、装备制造业、汽车制造业。不同的是，3 个新区的主导产业依托其比较优势，发展方向有所差异，见表 5.10。

表 5.10　　　成熟型新区主导产业的差异比较

主导产业	上海浦东新区	天津滨海新区	重庆两江新区
电子信息产业	集成电路产业依托上海市科研院所、科研平台的雄厚实习，已成为上海市乃至全国标杆性产业	主要包括国产操作系统与数据库、集成电路、高性能服务器领域，形成了以三星、富士康为核心的电子信息产业集群，是我国电子产品及零配件生产基地	形成了以笔记本电脑、显示光电、高端电子材料、信息家电等为代表的电子信息主导产业
生物医药产业	形成了以医药产品和医疗器械的研发与生产为代表的生物医药主导产业	形成了以新型疫苗、现代中药、细胞治疗、智能医疗等为代表的生物医药产业集群	形成了从生物医药及器械产业逐步向医疗护理、健康服务方向过渡的产业集群
装备制造业	已经形成了智能制造产业、航空航天设备制造业两大高端装备制造业	形成了以航空航天、智能装备制造、航洋工程装备等为代表的高端装备制造产业集群	集中在以动力装备、电力装备、风力发电装备、轨道交通装备、仪器仪表设备和环保装备为主的研发制造体系和工程、矿用及页岩气装备、航空整机以及机器人智能装备三大领域
汽车制造业	是我国重要的汽车产业基地，形成了从研发到生产、从汽车零配件到整车生产的产业链	以新能源汽车的电机电控、零部件及整车制造为主，是我国重要的新能源汽车产业基地	形成了集汽车设计研发、整车制造、关重件配套、分拨物流等一体化的全产业链

上海浦东新区和重庆两江新区还形成了软件和信息技术服务业这一关系国民经济和社会发展全局的基础性、战略性、先导性的主导产业，上海浦东新区的软件和信息技术服务业经过二十几年的发展，已经形成了很大的规模，在全市同行业中占重要地位；重庆两江新区的软件和信息技术服务业起步较晚，但是发展速度极快，聚焦于大数据产业，通过大数据产业的蓬勃发展实现弯道超车；天津滨海新区和重庆两江新区的节能环保产业也成为其支柱产业，天津滨海新区形成了以节能产业、环保产业、资源综合利用产业等为代表的节能环保产业集群，已经成为我国重要的节能环保

产业基地；而重庆两江新区的节能环保产业作为十大战略性新兴产业之一，近几年发展迅速，已经成为三大新支柱产业之一。在其他产业中，成熟型新区也形成了具有独特优势的主导产业，主要有：上海浦东新区的“最强光”——光电子产业；天津滨海新区的新材料产业、新能源产业和战略性新兴服务业等产业。

（2）成长型新区。

在成长型新区中，形成的主导产业数有 12 个，其中汽车制造业、电子信息产业和专用设备制造业在 3 个新区中起主导作用，有 6 个行业均在 2 个以上的新区起主导作用，见表 5.11，有 6 个行业只在个别新区起主导作用。

表 5.11　　成长型新区主导产业的差异比较

主导产业	青岛西海岸新区	大连金普新区	四川天府新区	湖南湘江新区
汽车制造业	形成了以整车和汽车发动机生产为主的汽车制造主导产业	形成了华晨、奇瑞、东风、黄海、一汽 5 家整车项目和 120 家汽车零配件企业，新能源汽车产业链也已初步形成	形成了汽车研发、关键零部件制造和整车生产等主要产业链	
电子信息产业		面向韩国、日本，以外向型经济为主，2017 年实现规上工业产值 260 亿元，增长 40%，产业规模占全市 60%、全省 33% 以上	依托天府软件园，2015 年电子信息产业实现产值近 2000 亿元	依托长沙高新区，聚集了威胜集团、中兴智能、长城信息等企业 7000 余家
专用设备制造业	形成了以家用电器设备制造、海洋船舶制造和机械装备制造为主的专用装备制造主导产业	形成了以高端数控机床和自动化主控系统为主导产业的智能制造装备产业		主要覆盖工程机械、电线电缆、轨道交通、增材制造等领域，形成了湖南省唯一家电特色产业园区、中国中部最专业的智能产业园

续表

主导产业	青岛西海岸新区	大连金普新区	四川天府新区	湖南湘江新区
生物医药产业		汇集了大连市90%以上的生物企业和医药工业企业，2017年实现规上工业产值225亿元，增长18%		聚集了九芝堂、三诺生物等企业550余家
新能源和新材料产业			引进国内外知名企业和项目，已初步形成产业集聚	聚集了相关企业500多家，各类省级及以上创新平台26家

除此之外，成长型新区还形成了其他主导产业，有青岛西海岸新区的石油化工产业；湖南湘江新区的先进制造业、现代服务业、食品饮料产业等产业。

（3）潜力型新区。

在潜力型新区中，有4个国家级新区的主导产业涵盖了装备制造业、电子信息产业和生物医药产业。其中，有3个国家级新区的主导产业涵盖了金融业和文化旅游业，见表5.12。南京江北新区和兰州新区的新能源汽车业也成为其主导产业，南京江北新区培育新能源汽车自主品牌产品，大力发展新能源客车和新能源乘用车；兰州新区引进项目较多，涉及生产新能源公交车、乘用车、物流车及特种车辆，是“一带一路”重要节点，具有辐射西北地区的独特区位优势。

表5.12　　潜力型新区主导产业的差异比较

主导产业 / 新区名称	装备制造业	电子信息产业	生物医药产业	金融业	文化旅游业
南京江北新区			建成国家健康医疗大数据中心	形成PE、VC为主的新金融业产业集群	

续表

新区名称 \ 主导产业	装备制造业	电子信息产业	生物医药产业	金融业	文化旅游业
兰州新区	形成重型装备制造、汽车及零部件制造、新能源装备及电工电器生产、数控机床机制造四大产业体系	引进先进计算中心	形成以现代中药、生物制药、化学制药和生物医学工程为主的产业集群		以发展秦王川特色历史文化为主
广州南沙新区	是三大造船基地之一、千万吨级船舶修造及海洋工程装备生产基地以及珠三角核电装备基地		建设人工智能医学影像诊断中心	形成了以航运金融、科技金融、融资租赁等为特色的创新型金融服务产业体系	
贵州贵安新区	以新能源汽车、智能制造、军民融合、高端医疗器械和新材料为主导产业	建成生物医学大数据中心、射电天文台	打造国家级医学影像数据和基因数据为基础的医疗大数据中心		休闲农业、乡村旅游等新业态
陕西西咸新区	形成汽车和智能电器制造的产业集群	形成大数据、云计算、物联网、人工智能、虚拟现实等为主的新一代信息技术产业集群			建成了“一带一路”语言服务及大数据平台
福州新区		形成以新型半导体显示器为主的产业投资		形成数字经济及跨境电商为代表的商务金融业	

潜力型新区还依托资源禀赋的差异和区位优势，发展形成了具有自身独特优势地位的主导产业，主要包括：南京江北新区的集成电路产业；兰州新

区的新材料产业、商贸物流业、现代农业；广州南沙新区的航运物流业、人工智能产业；贵州贵安新区的现代服务业；陕西西咸新区的临空经济、科技研发、总部经济；福州新区的海洋经济、机械制造业等产业。

需要特别指出的是，浙江舟山群岛新区的主导产业较为独特，和其他潜力型新区无任何趋同性。浙江舟山群岛新区是中国首个国家级群岛新区，具有特殊的地理位置和战略地位。因此，其主导产业比较独特，分别是船舶修造业、石油化工业、水产加工业、机械加工业、汽配制造业、电子电机业、电力生产供应业，其中，船舶修造业是浙江舟山群岛新区第一大主导产业。

（4）培育型新区。

在培育型新区中，五个新区的主导产业都涵盖了新材料产业和生物医药产业；云南滇中新区、哈尔滨新区、长春新区和河北雄安新区都形成了现代服务业这一主导产业；云南滇中新区、哈尔滨新区和长春新区还形成了高端装备制造业这一共同的主导产业，见表5.13。哈尔滨新区和河北雄安新区的新一代信息技术产业也成为其主导产业，哈尔滨新区内共有新一代信息技术企业300余家；雄安新区将建设数字城市作为城市建设的重点，注重发展下一代通信网络、物联网、大数据、云计算、人工智能、工业互联网、网络安全等信息技术产业，新区的信息、科技类公司已经有上千家。

表5.13　　　　培育型新区主导产业的差异比较

主导产业 / 新区名称	新材料产业	生物医药产业	现代服务业	装备制造业
云南滇中新区	形成以高精、高强、复合为方向的产业集群	形成以中药、航空医药、临空高科技医药、综合医疗康复养生为主导的产业集群	形成以高端商务和总部经济、商贸及现代物流、旅游和健康服务等主导产业	形成了“汽车及配套”和“机器人”为主导，“四车一中心”格局的产业集群
哈尔滨新区	发展石墨、光电、芯片靶材、焊接、玻璃钢	拥有7个国家级博士后工作站，3个院士工作站，8个国家和省级实验室	落户一批国内外银行及金融机构的区域总部	形成以智能装备制造为主导的产业集群，建设航天产业园、船海装备、卫星激光通信技术

续表

主导产业 新区名称	新材料产业	生物医药产业	现代服务业	装备制造业
长春新区	基本形成了新能源、新材料的产业集群	建成亚洲最大的疫苗生产基地、全国最大的基因药物生产基地	形成了科技金融、信息服务、商贸物流、旅游会展、文化创意、健康养老等产业集群	形成了以汽车制造业为主导的先进装备制造业集群
江西赣江新区	有机硅产能居世界第四、亚洲第一；形成了新能源新材料产业链	形成了中医药产业链		
河北雄安新区	形成了新型能源材料、高技术信息材料、生物医学材料、生物基材料等产业集群	形成脑科学、细胞治疗、基因工程、分子育种、组织工程主导产业	形成金融服务、科创服务、商务服务、智慧物流、现代供应链、数字规划、数字创意、智慧教育、智慧医疗等产业集群	

在其他主导行业中，各个新区具有自己的特色主导产业，主要有：云南滇中新区的石化产业、电子信息产业；哈尔滨新区的文化旅游业、绿色食品产业；长春新区的光电子产业现代农业；江西赣江新区的现代轻纺产业、智能装备产业、光电信息产业；雄安新区的绿色生态农业等。

5.5 小　　结

本章首先，对国家级新区进行了聚类分析，将新区分为“成熟型”“成长型”“潜力型”“培育型”四类；其次，对新区产业整体发展情况进行分析，发现国家级新区具有产业结构持续优化、工业规模不断扩大、主导产业特色明显等特点。接着研究了国家级新区的产业规划，统计了产业规划中涉及的行业及涉及频次，发现新区间产业具有较强的趋同性，部分新区的产业规划高度雷同，产业发展目标具有一致性，最终往往导致新区间的产业竞争日趋激烈，产业同质化现象愈发严重，产业结构逐渐趋同。同时，本章揭示了部分产业趋同的原因，如某些产业对经济发展带动作用强、对相关行业辐射作用大、能够促进新区产业结构的优化与完善等；最后，本章从四种类型的新区入手，分析了国家级新区主导产业发展现状，将发展现状与产业规划进行了对比分析，发现新区现有主导产业和规划产业差异较大。同时，本章分别对四种类型内新区间主导产业发展现状进行了对比分析，3 个成熟型新区的主导产业依托其比较优势，发展方向有所差异；4 个成长型新区的主导产业略有趋同；7 个潜力型新区依托资源禀赋的差异和区位优势，发展形成了具有自身独特优势地位的主导产业；5 个培育型新区的主导产业存在趋同，但各个新区仍有自己的特色主导产业。

第 6 章

国家级新区产业结构趋同与产业分工的实证分析①

国家级新区的产业结构趋同与产业分工问题的分析可以反映其发展趋势，有利于我们对国家级新区的产业发展进行深入剖析和预测。本章将对国家级新区产业结构趋同及产业分工进行实证分析，主要包括四个部分：第一部分是国家级新区产业结构趋同分析；第二部分是国家级新区产业结构趋同的合意性分析；第三部分是国家级新区产业分工分析；第四部分是国家级新区产业合作潜力分析。

6.1 国家级新区产业结构趋同分析

6.1.1 指标选取与数据说明

本书结合现有研究文献（任毅等，2018；王春萌等，2016；汪本强，2012；李学鑫，苗长虹，2006；王永锋，华怡婷，2008；刘杰，2013；Poncet S，2005），在数据可得性基础上选取区位商、产业结构相似系数、区域专业化水平、产业结构差异度指数四个指标；同时考虑到单一指标测度产业集聚存在片面的问题，区位基尼系数作为衡量产业空间集聚度的重要方法，将其作为区位商的有效补充，对上海浦东新区、天津滨海新区和重庆两江新区的工业二位数产业结构趋同进行测度。区位商表示某一产业的专业化程度，数值

① 本章的部分内容发表在《财经科学》2018 年第 12 期，题目为《产业结构趋同的动态演变、合意性与趋势预测——基于浦东新区与滨海新区的比较分析》。

越高，产业专业化程度就越高，其公式如式（6.1）。式中，LQ_{ik}表示新区 i 在产业 k 的地方专业化水平，L_{ik}表示新区 i 在产业 k 的总产出。

$$LQ_{ik} = \frac{L_{ik} / \sum L_{ik}}{\sum L_{ik} / \sum L_{ik}} \tag{6.1}$$

产业结构相似系数衡量新区间产业结构相似程度（覃成林，潘丹丹，2018；刘杰，2013；华德亚，汤龙，2019；余东华，张昆，2020），公式如式（6.2）。式中，X_{mk}和X_{nk}分别为表示新区 m 和 n 的产业 k 在该新区的产业占比。S_{mn}值越大，表明新区 m 和 n 产业结构相似程度越高，且满足 $0 \leqslant S_{mn} \leqslant 1$。

$$S_{mn} = \frac{\sum_k X_{mk} X_{nk}}{\sqrt{\sum_k X_{mk}^2 \sum_k X_{nk}^2}} \tag{6.2}$$

区域专业化水平衡量新区间产业结构差异，公式如式（6.3）。式中，q_{mk}和q_{nk}分别表示新区 m 和 n 在产业 k 的总产值，q_m和q_n则分别表示两新区各自的工业总产值。C_{mn}值越大，表明新区 m 和 n 产业结构差异越大。

$$C_{mn} = \sum_k \left| \frac{q_{mk}}{q_m} - \frac{q_{nk}}{q_n} \right| \tag{6.3}$$

产业结构差异度指数衡量新区间产业结构差异，计算公式如式（6.4）。式中，X_{mk}和X_{nk}分别表示新区 m 和 n 的产业 k 在该新区的产业占比。D_{mn}值越大，表明新区 m 和 n 产业结构差异越大。

$$D_{mn} = \frac{1}{2} \sum_k | X_{mk} - X_{nk} | \tag{6.4}$$

区位基尼系数反映产业在各个独立空间单元的集聚状态，公式如式（6.5）。式中，n 表示新区数，i 表示产业，S_{ij}表示 i 产业在地里单元 j 的比重，S_{ik}表示 i 产业在 k 新区的比重，$\overline{S_i}$ 表示全国层面在 i 产业中所占额度的均值。G_i值越高，表明产业聚集程度越高，即空间分布愈集中，且满足 $0 \leqslant G_i \leqslant 1$。

$$G_i = \frac{\sum_{k=1}^{n} \sum_{i=1}^{n} | S_{ij} - S_{ik} |}{2n^2 \overline{S_i}} \tag{6.5}$$

β 趋同指落后地区经济增长比发达地区经济增长更快的趋势。其被分为绝对 β 趋同和条件 β 趋同。绝对趋同是指所有国家或地区的经济增长都将随着时间推移而最终变成相同的人均收入水平。条件趋同是指国家或地区的经济增速一方面来自初期人均产出，另一方面也要受到要素流动、产业结构以及资源禀赋等其他因素的共同影响。绝对趋同测度模型为：

$$\ln\left(\frac{p_{it}}{p_{it-1}}\right) = c + \beta_1 \ln(p_{it}) + \varepsilon_{it} \tag{6.6}$$

其中，p_{it}表示新区工业 i 产业第 t 期的产值。β_1为绝对 β 趋同系数，若 β_1显著大于0，则表示 i 产业发展趋异；若若 β_1显著小于0，则表示 i 产业发展趋同；β_1的绝对值越大表示 i 产业趋同速度越快。

对不属于绝对 β 趋同的产业，利用条件 β 趋同对其趋同性进行测度。参考学者李兴法等（2016）和孙巍等（2010）的处理方法，将新区产业区位熵作为资源禀赋的代理变量引入条件 β 趋同测度模型。条件趋同测度模型为：

$$\ln\left(\frac{p_{it}}{p_{it-1}}\right) = c + \beta_2 \ln(p_{it}) + \alpha LQ_{it} + \varepsilon_{it} \tag{6.7}$$

其中，β_2为条件 β 趋同系数，若 β_2显著大于0，则表示 i 产业发展趋异；若 β_2显著小于0，则表示 i 产业发展趋同；β_2的绝对值越大表示 i 产业趋同速度越快。LQ_{it}为 i 产业在第 t 年的区位熵。

本书按照 2017 年 10 月新修订的《国民经济行业分类》对各新区工业二位数产业进行划分和统计。所用数据分别来自于 2013 ~2018 年《上海浦东新区统计年鉴》《天津滨海新区统计年鉴》《重庆两江新区发展报告》《上海统计年鉴》《天津统计年鉴》《中国统计年鉴》以及各新区年度统计公报。

6.1.2 三大新区优势产业差异分析

区位商和区位基尼系数是测度产业在地区的专业化和集聚程度的重要指标，能在一定程度上反映新区间的产业结构趋同问题。当两个新区在同一产业均表现出较高的区位商，同时两个新区在该产业的区位基尼系数较高，说明该产业集聚度较高，新区间存在产业结构趋同现象。囿于篇幅，仅报告有代表性的 2012 年、2014 年和 2017 年的区位商和区位基尼系数。

表 6.1 报告了三大新区各主要年份工业二位数产业区位商。结果显示，2017 年，上海浦东新区区位商最高的前五位产业为：汽车制造业，计算机、

通信和其他电子设备制造业，金属制品、机械和设备修理业，家具制造业，电力、热力的生产和供应业；其中，汽车制造业，计算机、通信和其他电子设备制造业，家具制造业，电力、热力的生产和供应业的专业化水平均较2012年有不同程度的提升，电力、热力的生产和供应业提升程度最高，专业化水平较2012年提高470.96%。天津滨海新区区位商最高的前五位产业为：金属制品、机械和设备修理业，石油加工、炼焦及核燃料加工业，汽车制造业，仪器仪表制造业，医药制造业；其中，石油加工、炼焦及核燃料加工业，汽车制造业，医药制造业的专业化水平均较2012年有不同程度的提升，汽车制造业提升程度最高，专业化水平较2012年提高41.48%。重庆两江新区区位商最高的前五位产业为：汽车制造业，铁路、船舶、航空航天和其他运输设备制造业，燃气生产和供应业，计算机、通信和其他电子设备制造业，电气机械及器材制造业；其中，计算机、通信和其他电子设备制造业的专业化水平较2012年提升明显，提高了46.90%。

表6.1　　三大新区各主要年份工业二位数产业区位商

代码	工业二位数产业名称	上海浦东新区			天津滨海新区			重庆两江新区		
		2012年	2014年	2017年	2012年	2014年	2017年	2012年	2014年	2017年
13	农副食品加工业	0.15	0.18	0.20	0.37	0.41	0.34	0.30	0.19	0.11
14	食品制造业	0.52	0.47	0.14	1.13	1.26	1.24	1.01	0.71	0.42
15	酒、饮料和精制茶制造业	0.22	0.24	0.21	0.42	0.49	0.73	0.49	0.29	0.49
17	纺织业	0.31	0.36	0.06	0.19	0.15	0.18	0.01	0.00	0.00
18	纺织服装、服饰业	1.27	1.09	0.55	0.26	0.23	0.08	0.26	0.24	0.14
19	皮革、毛皮、羽毛及其制品和制鞋业	0.42	0.47	0.03	0.14	0.06	—	0.04	0.04	0.04
20	木材加工及木、竹、藤、棕、草制品业	0.14	0.17	0.04	0.11	0.09	0.03	—	—	—
21	家具制造业	0.63	0.65	1.95	0.69	0.59	1.19	1.01	2.42	0.41
22	造纸及纸制品业	0.99	1.16	0.33	0.75	0.76	0.57	0.11	0.15	0.07
23	印刷业和记录媒介复制业	1.96	1.57	0.65	0.59	1.02	0.44	1.16	0.46	0.32
24	文教、工美、体育和娱乐用品制造业	0.88	0.65	0.18	0.32	0.39	0.23	—	—	0.00

续表

代码	工业二位数产业名称	上海浦东新区			天津滨海新区			重庆两江新区		
		2012年	2014年	2017年	2012年	2014年	2017年	2012年	2014年	2017年
25	石油加工、炼焦及核燃料加工业	1.32	1.37	1.32	3.07	3.30	3.30	0.01	0.01	0.01
26	化学原料和化学制品制造业	0.88	1.00	0.63	1.52	1.54	1.72	0.09	0.06	0.06
27	医药制造业	1.59	1.77	1.43	1.68	1.63	1.74	0.42	0.39	0.34
28	化学纤维制造业	0.10	0.44	0.05	0.36	0.13	0.06	—	—	—
29	橡胶和塑料制品业	1.66	1.56	0.36	1.16	1.15	1.08	0.11	0.12	0.21
30	非金属矿物制品业	0.51	0.48	0.22	0.77	0.70	0.24	0.46	0.30	0.20
31	黑色金属冶炼及压延加工业	0.51	0.56	0.04	1.15	1.49	0.44	0.11	0.14	0.03
32	有色金属冶炼及压延加工业	0.85	0.84	0.12	0.80	0.91	0.18	0.02	0.03	0.04
33	金属制品业	1.33	1.34	0.42	1.28	1.15	0.71	0.60	0.32	0.18
34	通用设备制造业	1.86	1.92	1.40	0.94	0.83	0.90	0.32	0.39	0.38
35	专用设备制造业	1.56	1.49	1.16	1.85	1.82	1.72	0.28	0.31	0.25
36	汽车制造业	2.16	2.02	2.80	1.76	1.78	2.49	8.52	7.80	7.36
37	铁路、船舶、航空航天和其他运输设备制造业	2.53	1.98	1.70	2.44	2.44	1.54	5.06	3.62	3.75
38	电气机械及器材制造业	1.54	1.51	0.70	1.18	1.16	1.04	1.58	1.28	1.32
39	计算机、通信和其他电子设备制造业	1.74	1.77	2.59	2.26	2.04	1.72	1.13	2.18	1.66
40	仪器仪表制造业	1.91	2.00	1.49	2.29	2.53	1.84	2.54	1.09	0.63
41	其他制造业	1.23	0.97	1.00	1.15	1.03	1.26	—	—	0.04
42	废弃资源综合利用业	0.16	0.29	0.12	1.31	1.21	0.49	1.41	0.35	0.41
43	金属制品、机械和设备修理业	5.91	6.49	2.32	6.36	4.57	3.71	—	—	—
44	电力、热力的生产和供应业	0.31	0.30	1.77	1.39	1.52	0.67	0.20	0.18	0.04
45	燃气生产和供应业	0.39	0.33	0.15	2.48	2.37	1.21	2.86	1.15	2.06
46	水的生产和供应业	0.46	0.71	0.87	2.84	2.59	0.91	0.99	0.71	0.59

注："—"表示所在年份无该类产业数据。

表 6.2 报告了 2012～2017 年三大新区工业二位数产业区位基尼系数。结果显示，2017 年，重庆两江与上海浦东新区产业集聚程度最高的前五位产业为：汽车制造业，金属制品、机械和设备修理业，铁路、船舶、航空航天

和其他运输设备制造业，燃气生产和供应业，电力、热力的生产和供应业；其中，燃气生产和供应业，电力、热力的生产和供应业等产业的集聚程度较2012年有不同程度的提升。重庆两江新区与天津滨海新区产业集聚程度最高的前五位产业为：汽车制造业，石油加工、炼焦及核燃料加工业，铁路、船舶、航空航天和其他运输设备制造业，金属制品、机械和设备修理业，化学原料和化学制品制造业；其中，石油加工、炼焦及核燃料加工业，金属制品、机械和设备修理业，化学原料和化学制品制造业等产业的集聚程度较2012年有不同程度的提升。上海浦东新区与天津滨海新区产业集聚程度最高的前五位产业为：家具制造业，石油加工、炼焦及核燃料加工业，电力、热力的生产和供应业，化学原料和化学制品制造业，汽车制造业；其中，家具制造业，石油加工、炼焦及核燃料加工业，化学原料和化学制品制造业，汽车制造业等产业的集聚程度较2012年有不同程度的提升。汽车制造业在三大新区间均存在明显的集聚效应，且总体集聚程度较高，在重庆两江新区与上海浦东新区、天津滨海新区间的集聚效应呈现下降态势。

表6.2　　三大新区各主要年份工业二位数产业区位基尼系数

代码	工业二位数产业名称	重庆两江新区—上海浦东新区			重庆两江新区—天津滨海新区			上海浦东新区—天津滨海新区		
		2012年	2014年	2017年	2012年	2014年	2017年	2012年	2014年	2017年
13	农副食品加工业	0.01	0.00	0.01	0.06	0.07	0.09	0.06	0.06	0.08
14	食品制造业	0.01	0.03	0.04	0.19	0.17	0.07	0.18	0.20	0.10
15	酒、饮料和精制茶制造业	0.02	0.04	0.03	0.05	0.01	0.02	0.07	0.05	0.05
17	纺织业	0.02	0.01	0.01	0.01	0.01	0.03	0.01	0.01	0.03
18	纺织服装、服饰业	0.07	0.04	0.05	0.03	0.02	0.00	0.10	0.06	0.06
19	皮革、毛皮、羽毛及其制品和制鞋业	0.01	0.00	0.00	0.00	0.00	0.00	0.01	0.01	0.00
20	木材加工及木、竹、藤、棕、草制品业	0.01	0.01	0.00	0.00	0.00	0.00	0.01	0.00	0.00
21	家具制造业	0.06	0.11	0.20	0.11	0.29	0.01	0.17	0.18	0.21
22	造纸及纸制品业	0.05	0.04	0.03	0.00	0.00	0.03	0.04	0.04	0.00
23	印刷业和记录媒介复制业	0.01	0.04	0.04	0.10	0.25	0.00	0.09	0.21	0.04

续表

代码	工业二位数产业名称	重庆两江新区—上海浦东新区			重庆两江新区—天津滨海新区			上海浦东新区—天津滨海新区		
		2012年	2014年	2017年	2012年	2014年	2017年	2012年	2014年	2017年
24	文教、工美、体育和娱乐用品制造业	0.05	0.03	0.02	0.16	0.73	0.09	0.11	0.69	0.06
25	石油加工、炼焦及核燃料加工业	0.25	0.20	0.17	0.30	0.25	0.38	0.05	0.05	0.21
26	化学原料和化学制品制造业	0.08	0.09	0.07	0.12	0.11	0.21	0.03	0.03	0.14
27	医药制造业	0.10	0.13	0.14	0.07	0.06	0.10	0.02	0.07	0.03
28	化学纤维制造业	0.00	0.01	0.01	0.00	0.00	0.00	0.00	0.00	0.00
29	橡胶和塑料制品业	0.06	0.05	0.02	0.04	0.04	0.05	0.02	0.01	0.03
30	非金属矿物制品业	0.03	0.01	0.00	0.04	0.02	0.00	0.01	0.01	0.00
31	黑色金属冶炼及压延加工业	0.01	0.01	0.00	0.20	0.22	0.09	0.20	0.21	0.09
32	有色金属冶炼及压延加工业	0.02	0.01	0.01	0.08	0.06	0.04	0.06	0.05	0.03
33	金属制品业	0.00	0.02	0.03	0.00	0.04	0.02	0.00	0.02	0.01
34	通用设备制造业	0.17	0.16	0.13	0.06	0.05	0.06	0.10	0.11	0.07
35	专用设备制造业	0.11	0.09	0.12	0.22	0.16	0.08	0.11	0.07	0.04
36	汽车制造业	0.85	0.69	0.57	0.94	0.83	0.67	0.09	0.13	0.11
37	铁路、船舶、航空航天和其他运输设备制造业	0.45	0.20	0.25	0.50	0.28	0.36	0.05	0.08	0.10
38	电气机械及器材制造业	0.10	0.05	0.08	0.10	0.07	0.06	0.01	0.01	0.02
39	计算机、通信和其他电子设备制造业	0.28	0.10	0.12	0.16	0.03	0.03	0.12	0.13	0.09
40	仪器仪表制造业	0.17	0.05	0.11	0.30	0.11	0.02	0.12	0.15	0.09
41	其他制造业	0.15	0.15	0.12	0.02	0.02	0.19	0.13	0.13	0.07
42	废弃资源综合利用业	0.19	0.04	0.04	0.01	0.24	0.02	0.18	0.28	0.01
43	金属制品、机械和设备修理业	0.31	0.40	0.29	0.13	0.22	0.32	0.17	0.18	0.03
44	电力、热力的生产和供应业	0.17	0.21	0.22	0.00	0.00	0.05	0.17	0.20	0.17
45	燃气生产和供应业	0.23	0.09	0.24	0.27	0.09	0.16	0.04	0.01	0.08
46	水的生产和供应业	0.05	0.05	0.04	0.01	0.03	0.14	0.05	0.02	0.10

综上，从区位商和区位基尼系数看，重庆两江新区的优势产业集中分布于资本密集型①和技术密集型产业，上海浦东新区的优势产业集中分布于资本密集型和技术密集型产业，而天津滨海新区的优势产业在资源密集型、技术密集型和资本密集型产业中均有分布。重庆两江新区与上海浦东新区聚集产业主要分布于资本密集型和技术密集型产业；重庆两江新区与天津滨海新区聚集产业主要分布于资本密集型和资源密集型产业；上海浦东新区与天津滨海新区聚集产业主要分布于资本密集型和资源密集型产业。上海作为我国经济、金融、贸易、航运、科技创新中心，集聚着大量的资本密集型和技术密集型产业，而上海浦东新区作为上海经济发展的增长极，成为资本密集型和技术密集型产业主要集聚区。天津是我国最大的工业城市之一，制造业对天津经济增长的拉动效应最为明显，而天津滨海新区作为高水平现代制造业和研发转化基地，是天津制造业发展的核心区域，在产业发展中呈现出资源密集型、技术密集型和资本密集型产业协调发展的态势。重庆两江新区作为内陆重要的先进制造业和现代服务业基地，已形成以汽车、电子、装备制造三大制造业和新能源及智能汽车、机器人及智能装备、通用航空等十大战略性新兴产业为核心的现代产业体系，资本密集型与技术密集型产业集聚。

6.1.3 三大新区产业结构趋同演化分析

产业结构趋同在很大程度上是由地方政府之间的经济和政治博弈导致（Young A，2000；Bai C. 等，2004；张晔、刘志彪，2005；胡向婷、张璐，2005）。影响产业结构趋同的重要因素有地方保护主义、区域间理性模仿行为（He C. F.，Zhu S. J，2007）市场机制以及产业结构问题（徐剑锋，2003；陈建军，2004）等。相关研究对国家级新区产业结构趋同问题的分析，主要是从国家级新区产业结构变迁、重构与发展问题展开的（白仲林、李军，2003；茹伊丽等，2015；余典范，2007）。

因而为进一步分析三大新区产业结构趋同的演化情况，绘制了三大新区

① 按生产要素在各产业中的相对密集度，将工业二位数产业划分为资源密集型、资本密集型、劳动密集型和技术密集型四个产业大类。下同。

2012～2017 年产业结构相似系数、区域专业化水平和产业结构差异度指数的折线图。从区域专业化水平来看（如图 6.1 所示），重庆两江新区与天津滨海新区的区域专业化水平较高，且呈现明显的逐年下降态势，从 2012 年的 1.17 下降到 2017 年的 0.96；重庆两江新区与上海浦东新区的区域专业化水平趋势变化波动较大，在 0.8～1.1 之间波动，整体呈现先下降后上升再下降的倒“N”形变化趋势；上海浦东新区与天津滨海新区的区域专业化水平整体变化平稳，以 2014 年为节点，大致分为两个阶段，2012～2014 年为平稳上升期，2014～2017 年为平稳下降期，从 2014 年的 0.69 下降到 2017 年的 0.59。

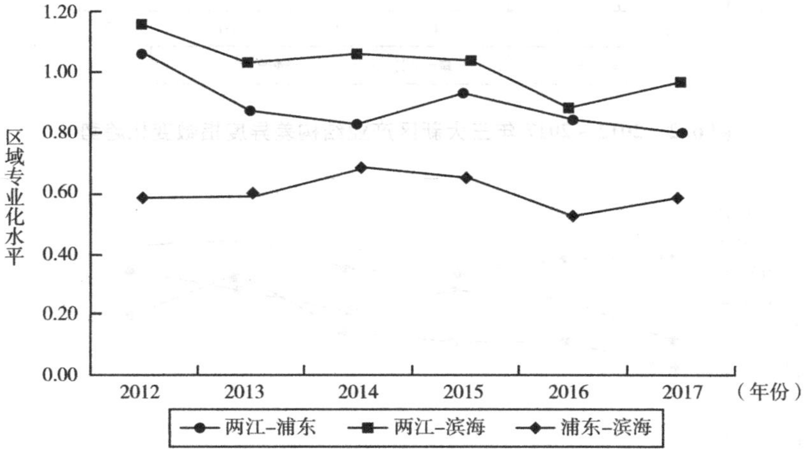

图 6.1　2012～2017 年三大新区区域专业化水平变化趋势

从产业结构差异度指数来看（如图 6.2 所示），重庆两江新区与天津滨海新区的产业结构差异度指数较高，整体呈现下降趋势，从 2012 年的 0.58 下降到 2017 年的 0.48；重庆两江新区与上海浦东新区的产业结构差异度指数呈现波动下降趋势，从 2012 年的 0.53 下降到 2017 年的 0.40；上海浦东新区与天津滨海新区的产业结构差异度指数整体趋稳，以 2014 年为节点可分为两个阶段，呈现出先上升后下降的倒“V”形变化趋势。

从产业结构相似系数来看（如图 6.3 所示），上海浦东新区与天津滨海新区的产业结构相似系数最大，且呈现先下降后上升的“V”形变化趋势，以 2014 年最低为 0.80；重庆两江新区与上海浦东新区的产业结构相似系数呈现波动上升趋势，在 2017 年达到峰值 0. 80，整体呈现先上升再下降后上升的“N”形变化趋势；重庆两江新区与天津滨海新区的产业结构相似系数呈现明显的逐年增长态势，从 2012 年的 0. 49 增长到 2017 年的 0. 67。

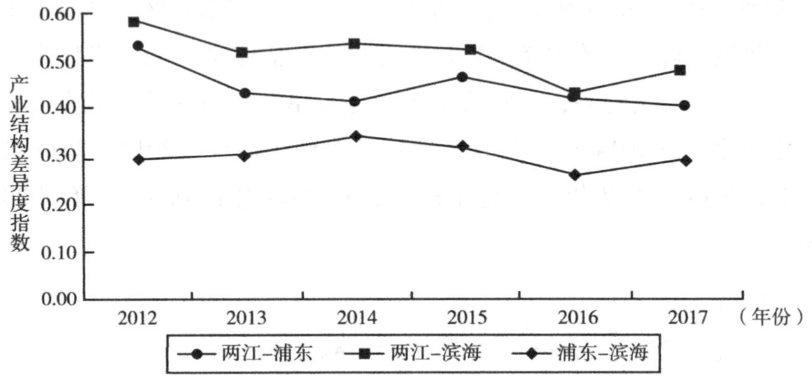

图 6. 2　2012 ~ 2017 年三大新区产业结构差异度指数变化趋势

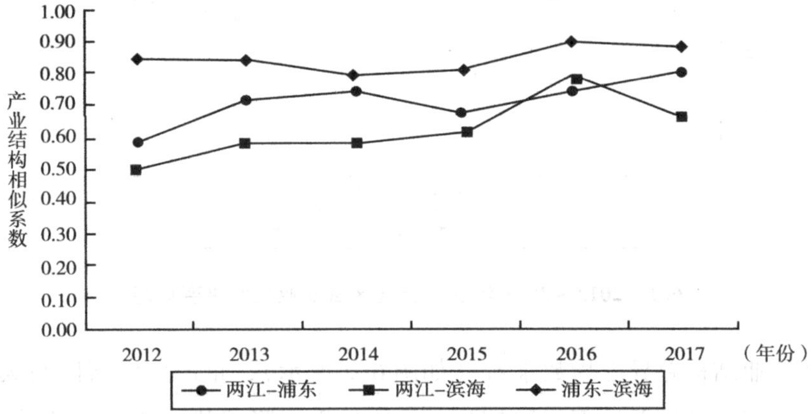

图 6. 3　2012 ~ 2017 年三大新区产业结构相似系数变化趋势

综上可见，上海浦东新区和天津滨海新区的产业结构趋同程度较高，历年走势趋稳，重庆两江新区和天津滨海新区的产业结构趋同程度较低，但上升趋势明显；同时，上述指标多在 2014 年间出现拐点，结合现实环境分析发现，2010 年 10 月国务院下发《关于加快培育和发展战略性新兴产业的决定》，提出要加快培育和发展战略性新兴产业。规划到 2015 年，战略性新兴产业增加值占国内生产总值的比重力争达到 8% 左右。相比其他地区，国家级新区拥有更优的政策环境和更低的要素成本，成为发展战略性新兴产业的重点布局之地。各新区将战略性新兴产业作为重点布局和发展产业。但由于各新区对高新技术产业定位布局存在雷同，缺乏产业特色，导致新区间呈现明显的产业结构趋同。而重庆两江新区作为我国内陆第一个国家级开发开放新区，以汽车、电子信息、装备制造三大支柱产业为基础，积极布局和发展航空航天和生物医药等为代表的战略性新兴产业，使其在主导产业布局和发展上与其他新区呈现出一定程度的错位发展。

6.1.4 三大新区工业各行业发展趋同分析

基于 β 趋同测度模型对三大新区 33 个工业二位数产业发展趋同进行测度分析，产业发展趋同测度结果见表 6.3。表中数据显示，三大新区工业二位数产业中，β_1系数显著为正的产业有：农副食品加工业，食品制造业，皮革、毛皮、羽毛及其制品和制鞋业，金属制品业 4 个产业，除了家具制造业，计算机、通信和其他电子设备制造业，金属制品、机械和设备修理业 3 个产业外，其余工业二位数产业的 β_1系数均在不同显著性水平上显著为负，即表现为显著的绝对 β 趋同。其中，绝对 β 趋同程度排名前五的产业为：其他制造业，电力、热力的生产和供应业，水的生产和供应业，医药制造业，文教、工美、体育和娱乐用品制造业；绝对 β 趋同程度排名后五的产业为：印刷业和记录媒介复制业，纺织服装、服饰业，石油加工、炼焦及核燃料加工业，黑色金属冶炼及压延加工业，化学原料和化学制品制造业。工业二位数产业中绝对 β 不趋同，但是条件 β 趋同的是农副食品加工业；而绝对 β 不趋同，条件 β 也不趋同的是食品制造业，皮革、毛皮、羽毛及其制品和制鞋业。

表 6.3 三大新区工业二位数产业 β 趋同检验结果

代码	产业	β_1 系数	P 值	β_2 系数	P 值
13	农副食品加工业	1.17	0.01 **	-0.32	0.02 **
14	食品制造业	0.95	0.00 ***	0.88	0.01 **
15	酒、饮料和精制茶制造业	-1.09	0.01 **		
17	纺织业	1.14	0.21	-0.36	0.39

续表

代码	产业	β_1 系数	P 值	β_2 系数	P 值
18	纺织服装、服饰业	-0.83	0.01**		
19	皮革、毛皮、羽毛及其制品和制鞋业	1.06	0.00***	0.95	0.03**
20	木材加工及木、竹、藤、棕、草制品业	0.10	0.14	2.25	0.34
21	家具制造业	-0.51	0.17		
22	造纸及纸制品业	-1.02	0.05*		
23	印刷业和记录媒介复制业	-0.76	0.01**		
24	文教、工美、体育和娱乐用品制造业	-1.22	0.05*		
25	石油加工、炼焦及核燃料加工业	-0.83	0.08*		
26	化学原料和化学制品制造业	-0.92	0.07*		
27	医药制造业	-1.24	0.08*		
28	化学纤维制造业	1.07	0.14	1.82	0.20
29	橡胶和塑料制品业	-1.09	0.02**		
30	非金属矿物制品业	-1.02	0.01**		
31	黑色金属冶炼及压延加工业	-0.90	0.01**		
32	有色金属冶炼及压延加工业	-0.98	0.01**		
33	金属制品业	1.02	0.01**	1.81	0.16
34	通用设备制造业	-1.18	0.06*		
35	专用设备制造业	-1.10	0.01**		
36	汽车制造业	-0.81	0.48		
37	铁路、船舶、航空航天和其他运输设备制造业	-1.08	0.00***		
38	电气机械及器材制造业	-1.11	0.01**		
39	计算机、通信和其他电子设备制造业	-1.09	0.10		
40	仪器仪表制造业	-1.18	0.01**		
41	其他制造业	-2.08	0.00***		
42	废弃资源综合利用业	-1.06	0.01**		
43	金属制品、机械和设备修理业	-0.15	0.57		
44	电力、热力的生产和供应业	-1.35	0.05*		
45	燃气生产和供应业	-0.97	0.00***		
46	水的生产和供应业	-1.26	0.05*		

注：*、**、*** 分别表示检验的显著性水平为 10%、5%、1%。

综上可以看出，三大新区工业二位数产业层面存在明显的趋同现象，且趋同程度较高的产业主要集中在资本密集型产业中，而在资源密集型和劳动密集型产业中的趋同程度较低，与区位基尼系数的测度结果基本一致。

6.2 国家级新区产业结构趋同的合意性分析

6.2.1 产业指标选取与数据说明

本书基于偏离—份额分析法（SSM）分析产业结构趋同的合意性。该方法的特点是综合性强、动态性好，可以很好地分析区域产业结构变化的原因。SSM 的基本原理是：地区一段时期内的经济增长看成一个动态的过程，以更大区域作为参考，将该地区的经济增长分成三个部分：即地区增长份额、产业结构偏离份额、竞争力偏离份额，其表达式如式（6.8）-(6.10)。

$$RS_i = \sum_{j=1}^{n} y_{ij}^0 R \tag{6.8}$$

$$PS_i = \sum_{j=1}^{n} y_{ij}^0 (R_j - R) \tag{6.9}$$

$$DS_i = \sum_{j=1}^{n} y_{ij}^0 (r_{ij} - R_j) \tag{6.10}$$

式中，RS_i、PS_i和 DS_i分别表示地区 i 的地区增长份额、产业结构偏离份额和区位竞争力偏离份额；R 表示更大区域的生产总值增长率，R_j表示更大区域的产业 j 产出增长率，r_{ij}表示地区 i 在产业 j 的产出增长率；y_{ij}表示地区 i 的产业 j 的基期产出。在本书中，i = 重庆两江新区，上海浦东新区，天津滨海新区；j = 工业二位数产业；基期为 2012 年，研究期为 2017 年。

本书按照 2017 年 10 月新修订的《国民经济行业分类》对各新区工业二位数产业进行划分和统计。所用数据分别来自于 2013 ~ 2018 年《上海浦东新区统计年鉴》《天津滨海新区统计年鉴》《重庆两江新区发展报告》《上海统计年鉴》《天津统计年鉴》《中国统计年鉴》以及各新区年度统计公报。

6.2.2 三大新区产业结构趋同的合意性分析

表6.4报告了2012~2017年上海浦东新区、天津滨海新区和重庆两江新区经济增长的偏离份额情况。表中显示，重庆两江新区的实际增长额大于假定的地区份额，总偏离量为1048.47亿元，增长率也较高，为39.54%，其中由于产业结构因素而产生的增长量为-82.73亿元。上海浦东新区和天津滨海新区的实际增长额都要小于假定的地区份额，因此总偏离量均为负，说明上海浦东新区和天津滨海新区在过去几年中的经济发展潜力没有得到最大限度地发挥，仍然具备较大的上升空间。其次，从各项份额来看，三大新区的产业份额均为负，说明产业结构的变化对三大新区的经济增长起到了明显的阻碍作用。重庆两江新区的区位竞争力偏离份额为正数，且份额较大，说明重庆两江新区的区位竞争优势得到了较好的发挥，对经济增长的正面效应突出。而上海浦东新区和天津滨海新区的产业份额和区位竞争力份额均为负数，说明产业结构的变化对地区经济增长产生了一定的负面效应，同时两新区的区位竞争优势并未得到有效发挥，甚至在发展过程中对经济增长产生了一定程度的阻碍作用。

表6.4　2012~2017年重庆两江新区、上海浦东新区和天津滨海新区经济增长的偏离份额情况

	总增长（yi）		地区增长份额（RSi）		产业结构偏离份额（PSi）		区位竞争力偏离份额（DSi）		总偏离（yi-RSi）	
	增量	增长率	增量	增长率	增量	增长率	增量	增长率	增量	增长率
重庆两江新区	2424.51	91.42	1376.04	51.89	-82.73	-3.12	1107.05	41.75	1048.47	39.54
上海浦东新区	673.55	7.15	4888.75	51.89	-1579.49	-16.76	-2635.71	-27.97	-4215.20	-44.74
天津滨海新区	-4531.08	-38.46	6113.68	51.89	-2951.41	-25.05	-7693.34	-65.30	-10644.76	-90.34

现有研究表明，当产业结构趋同阻碍了当地经济发展。同时，这种趋同是源于产业结构升级和行业内分工，那么这种产业结构趋同就是非合意的，反之产业结构趋同就是合意性的（覃成林，潘丹丹，2018；赵峰，姜德波，2011）。综上可知，三大新区产业结构变化对经济增长起到了明显的阻碍作用，其中重庆两江新区的区位竞争优势得到了较好的发挥，对经济增长的正面效应突出，而上海浦东新区和天津滨海新区则产生了一定的负面效应，使得竞争优势并不能有效发挥。由此可见三大新区工业二位数产业在一定程度上表现出产业结构趋同，并且这种产业结构趋同在一定程度上是非合意性的。

6.3 国家级新区产业分工分析

6.3.1 三大新区工业各行业区域分工强度

通过计算 2017 年上海浦东新区、天津滨海新区和重庆两江新区两两之间工业各行业的产业区位基尼系数（G_i），据此绘制图 6.4（共 33 个行业），并将 $G_i<0.05$、$0.05<G_i<0.1$、$G_i>0.1$ 作为划分产业集聚度低、中、高态势的依据。2012 年，上海浦东新区与天津滨海新区产业集聚度为高、中、低态势的行业分别为 12 个、8 个、13 个；上海浦东新区与重庆两江新区产业集聚度为高、中、低态势的行业分别为 13 个、6 个、14 个；天津滨海新区与重庆两江新区产业集聚度为高、中、低态势的行业分别为 13 个、6 个、14 个。2017 年，上海浦东新区与天津滨海新区产业集聚度为高、中、低态势的行业分别为 8 个、10 个、15 个；上海浦东新区与重庆两江新区产业集聚度为高、中、低态势的行业分别为 13 个、3 个、17 个；天津滨海新区与重庆两江新区产业集聚度为高、中、低态势的行业分别为 9 个、8 个、16 个。上海浦东新区与天津滨海新区、上海浦东新区与重庆两江新区比天津滨海新区与重庆两江新区的产业集聚度更高一些。上海浦东新区与天津滨海新区在家具制造业和石油加工、炼焦及核燃料加工业的产业集聚程度较高，G_i值超过 0.2；上海浦东新区与重庆两江新区产业集聚程度较高的产业有汽车制造业，铁路、船舶、航空航天和其他运输设备制造业，金属制品、机械和设备修理业，电力、热力的生产和供应业以及燃气生产和供应业；天津滨海新区与重庆两江新区产业集聚程度较高的产业有石油加工、炼焦及核燃料加工业，化学原料和化学制品制造业，汽车制造业，铁路、船舶、航空航天和其他运输设备制造业，金属制品、机械和设备修理业。

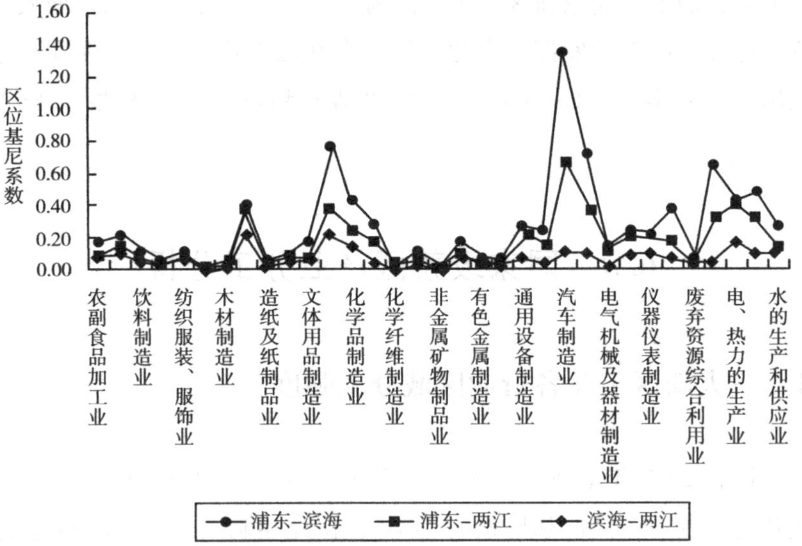

注：“酒、饮料和精制茶制造业”简称“饮料制造业”；“化学原料和化学制品制造业”简称“化学品制造业”；“黑色金属冶炼及压延加工业”简称“黑色金属制造业”；“有色金属冶炼及压延加工业”简称“有色金属制造业”；“木材加工及木、竹、藤、棕、草制品业”简称“木材制造业”；“皮革、毛皮、羽毛及其制品和制鞋业”简称“毛皮制品制造业”；“文教、工美、体育和娱乐用品制造业”简称“文体用品制造业”；“石油加工、炼焦及核燃料加工业”简称“石油加工制造业”；“铁路、船舶、航空航天和其他运输设备制造业”简称“运输设备制造业”；“计算机、通信和其他电子设备制造业”简称“电子设备制造业”；“金属制品、机械和设备修理业”简称“设备修理业”；“电力、热力的生产和供应业”简称“电、热力的生产业”；“印刷业和记录媒介复制业”简称“媒介复制业”。

图 6.4　2017 年三大新区间工业各行业区位基尼系数

2012～2017 年上海浦东新区、天津滨海新区和重庆两江新区两两之间工业各行业的产业区位基尼系数（G_i）如表 6.5、表 6.6、表 6.7 所示。2012～2017 年，上海浦东新区与天津滨海新区的 14 行业的 G_i 都有所提高，尽管提高的幅度不大，但也反映了上海浦东新区与天津滨海新区部分行业的空间集聚程度在增强。另外，上海浦东新区与天津滨海新区 12 个行业的 G_i

稍有下降，但下降幅度极小。具体来看：石油加工、炼焦及核燃料加工业以及化学原料和化学制品制造业 G_i 的变动超过 0.1，表明这两个行业的区域分工集聚程度上升幅度较大；化学原料和化学制品制造业，铁路、船舶、航空航天和其他运输设备制造业，燃气生产和供应业从低集聚状态发展成为高或中集聚状态，表明这些行业出现了明显的区域分工强化态势。同时，食品制造业，印刷业和记录媒介复制业，黑色金属冶炼及压延加工业，专用设备制造业，其他制造业，废弃资源综合利用业，金属制品、机械和设备修理业这 7 个行业的 G_i 下降比较明显，说明这些行业的区域分工程度有所弱化。

2012 ~2017 年，上海浦东新区与重庆两江新区的 11 行业的 G_i 都有所提高，表明上海浦东新区与重庆两江新区部分行业的空间集聚程度在增强。另外，上海浦东新区与重庆两江新区 16 个行业的 G_i 稍有下降，但下降幅度在 0.05 内。具体来看：家具制造业 G_i 的变动超过 0.1，表明该行业的区域分工集聚程度上升幅度较大；医药制造业和家具制造业从中集聚状态发展成为高集聚状态，表明这两个行业出现了明显的区域分工强化态势。同时，石油加工、炼焦及核燃料加工业，汽车制造业，铁路、船舶、航空航天和其他运输设备制造业，计算机、通信和其他电子设备制造业，仪器仪表制造业和废弃资源综合利用业的 G_i 下降比较明显，说明这些行业的区域分工程度有所弱化。

表 6.5　　2012 ~2017 年上海浦东新区与天津滨海新区工业各行业区位基尼系数

工业二位数产业名称	2012 年		2015 年		2017 年		2012 ~ 2017 年的变化
	G_i	集聚程度	G_i	集聚程度	G_i	集聚程度	
农副食品加工业	0.0643	中	0.0922	中	0.0771	中	0.0128
食品制造业	0.1829	高	0.1727	高	0.1045	高	-0.0783
酒、饮料和精制茶制造业	0.0701	中	0.0383	低	0.0542	中	-0.0159
纺织业	0.0093	低	0.0038	低	0.0258	低	0.0165
纺织服装、服饰业	0.0975	中	0.0510	中	0.0567	中	-0.0408

续表

工业二位数产业名称	2012 年		2015 年		2017 年		2012～2017 年的变化
	G_i	集聚程度	G_i	集聚程度	G_i	集聚程度	
皮革、毛皮、羽毛及其制品和制鞋业	0.0129	低	0.0055	低	0.0040	低	-0.0089
木材加工及木、竹、藤、棕、草制品业	0.0097	低	0.0017	低	0.0010	低	-0.0087
家具制造业	0.1663	高	0.1698	高	0.2057	高	0.0394
造纸及纸制品业	0.0446	低	0.0343	低	0.0044	低	-0.0402
印刷业和记录媒介复制业	0.0927	中	0.0552	中	0.0421	低	-0.0506
文教、工美、体育和娱乐用品制造业	0.1059	高	0.1414	高	0.0639	中	-0.0420
石油加工、炼焦及核燃料加工业	0.0502	中	0.1724	高	0.2138	高	0.1636
化学原料和化学制品制造业	0.0344	低	0.0274	低	0.1393	高	0.1049
医药制造业	0.0240	低	0.0555	中	0.0348	低	0.0108
化学纤维制造业	0.0019	低	0.0057	低	0.0029	低	0.0010
橡胶和塑料制品业	0.0170	低	0.0062	低	0.0345	低	0.0175
非金属矿物制品业	0.0129	低	0.0101	低	0.0032	低	-0.0096
黑色金属冶炼及压延加工业	0.2016	高	0.2539	高	0.0856	中	-0.1160
有色金属冶炼及压延加工业	0.0616	中	0.0451	低	0.0262	低	-0.0354
金属制品业	0.0030	低	0.0129	低	0.0104	低	0.0075
通用设备制造业	0.1050	高	0.0882	中	0.0705	中	-0.0345
专用设备制造业	0.1119	高	0.0905	中	0.0377	低	-0.0742
汽车制造业	0.0878	中	0.0574	中	0.1063	高	0.0184
铁路、船舶、航空航天和其他运输设备制造业	0.0462	低	0.0134	低	0.1029	高	0.0567
电气机械及器材制造业	0.0081	低	0.0142	低	0.0155	低	0.0074
计算机、通信和其他电子设备制造业	0.1248	高	0.1737	高	0.0852	中	-0.0396
仪器仪表制造业	0.1245	高	0.1540	高	0.0931	中	-0.0314

续表

工业二位数产业名称	2012 年		2015 年		2017 年		2012～2017 年的变化
	G_i	集聚程度	G_i	集聚程度	G_i	集聚程度	
其他制造业	0.1322	高	0.1056	高	0.0668	中	-0.0654
废弃资源综合利用业	0.1803	高	0.3416	高	0.0133	低	-0.1670
金属制品、机械和设备修理业	0.1749	高	0.1386	高	0.0287	低	-0.1462
电力、热力的生产和供应业	0.1700	高	0.2078	高	0.1693	高	-0.0007
燃气生产和供应业	0.0408	低	0.0071	低	0.0832	中	0.0424
水的生产和供应业	0.0515	中	0.0159	低	0.1036	高	0.0521

表 6.6　2012～2017 年上海浦东新区与重庆两江新区工业各行业区位基尼系数

工业二位数产业名称	2012 年		2015 年		2017 年		2012～2017 年的变化
	G_i	集聚程度	G_i	集聚程度	G_i	集聚程度	
农副食品加工业	0.0079	低	0.0079	低	0.0110	低	0.0031
食品制造业	0.0098	低	0.0507	中	0.0355	低	0.0257
酒、饮料和精制茶制造业	0.0233	低	0.0010	低	0.0349	低	0.0116
纺织业	0.0169	低	0.0139	低	0.0074	低	-0.0095
纺织服装、服饰业	0.0703	中	0.0497	低	0.0518	中	-0.0185
皮革、毛皮、羽毛及其制品和制鞋业	0.0100	低	0.0056	低	0.0009	低	-0.0091
木材加工及木、竹、藤、棕、草制品业	0.0111	低	0.0045	低	0.0048	低	-0.0063
家具制造业	0.0575	中	0.0946	中	0.1951	高	0.1376
造纸及纸制品业	0.0470	低	0.0347	低	0.0326	低	-0.0145
印刷业和记录媒介复制业	0.0059	低	0.0480	低	0.0409	低	0.0350
文教、工美、体育和娱乐用品制造业	0.0548	中	0.0275	低	0.0223	低	-0.0324

续表

工业二位数产业名称	2012 年		2015 年		2017 年		2012~2017 年的变化
	G_i	集聚程度	G_i	集聚程度	G_i	集聚程度	
石油加工、炼焦及核燃料加工业	0.2470	高	0.1971	高	0.1657	高	-0.0813
化学原料和化学制品制造业	0.0810	中	0.0756	中	0.0727	中	-0.0083
医药制造业	0.0954	中	0.1400	高	0.1382	高	0.0427
化学纤维制造业	0.0016	低	0.0069	低	0.0064	低	0.0048
橡胶和塑料制品业	0.0562	中	0.0384	低	0.0195	低	-0.0367
非金属矿物制品业	0.0298	低	0.0081	低	0.0025	低	-0.0273
黑色金属冶炼及压延加工业	0.0064	低	0.0098	低	0.0016	低	-0.0048
有色金属冶炼及压延加工业	0.0200	低	0.0097	低	0.0100	低	-0.0100
金属制品业	0.0032	低	0.0130	低	0.0303	低	0.0272
通用设备制造业	0.1679	高	0.1543	高	0.1296	高	-0.0383
专用设备制造业	0.1080	高	0.0979	中	0.1153	高	0.0072
汽车制造业	0.8541	高	0.7251	高	0.5675	高	-0.2866
铁路、船舶、航空航天和其他运输设备制造业	0.4503	高	0.1351	高	0.2536	高	-0.1967
电气机械及器材制造业	0.1041	高	0.0782	中	0.0770	中	-0.0270
计算机、通信和其他电子设备制造业	0.2830	高	0.1903	高	0.1190	高	-0.1640
仪器仪表制造业	0.1747	高	0.0154	低	0.1098	高	-0.0649
其他制造业	0.1485	高	0.2787	高	0.1210	高	-0.0274
废弃资源综合利用业	0.1888	高	0.0521	中	0.0367	低	-0.1521
金属制品、机械和设备修理业	0.3056	高	0.3727	高	0.2922	高	-0.0135
电力、热力的生产和供应业	0.1705	高	0.2019	高	0.2185	高	0.0480
燃气生产和供应业	0.2261	高	0.0645	中	0.2383	高	0.0122
水的生产和供应业	0.0451	低	0.0566	中	0.0358	低	-0.0093

表 6.7　　2012 ~2017 年天津滨海新区与重庆两江新区工业各行业区位基尼系数

工业二位数产业名称	2012 年		2015 年		2017 年		2012 ~2017 年的变化
	G_i	集聚程度	G_i	集聚程度	G_i	集聚程度	
农副食品加工业	0.0565	中	0.0958	中	0.0881	中	0.0316
食品制造业	0.1927	高	0.1139	高	0.0691	中	-0.1236
酒、饮料和精制茶制造业	0.0467	低	0.0355	低	0.0193	低	-0.0274
纺织业	0.0076	低	0.0102	低	0.0331	低	0.0255
纺织服装、服饰业	0.0272	低	0.0011	低	0.0049	低	-0.0223
皮革、毛皮、羽毛及其制品和制鞋业	0.0029	低	0.0056	低	0.0049	低	0.0020
木材加工及木、竹、藤、棕、草制品业	0.0014	低	0.0028	低	0.0038	低	0.0024
家具制造业	0.1088	高	0.2563	高	0.0106	低	-0.0982
造纸及纸制品业	0.0024	低	0.0020	低	0.0282	低	0.0258
印刷业和记录媒介复制业	0.0986	中	0.0046	低	0.0012	低	-0.0974
文教、工美、体育和娱乐用品制造业	0.1607	高	0.1623	高	0.0862	中	-0.0744
石油加工、炼焦及核燃料加工业	0.2972	高	0.3613	高	0.3795	高	0.0823
化学原料和化学制品制造业	0.1154	高	0.1016	高	0.2120	高	0.0966
医药制造业	0.0714	中	0.0872	中	0.1033	高	0.0320
化学纤维制造业	0.0035	低	0.0015	低	0.0035	低	0.0000
橡胶和塑料制品业	0.0391	低	0.0443	低	0.0540	中	0.0148
非金属矿物制品业	0.0427	低	0.0177	低	0.0007	低	-0.0420
黑色金属冶炼及压延加工业	0.1951	高	0.2517	高	0.0872	中	-0.1079
有色金属冶炼及压延加工业	0.0817	中	0.0526	中	0.0363	低	-0.0454
金属制品业	0.0002	低	0.0253	低	0.0199	低	0.0197
通用设备制造业	0.0629	中	0.0703	中	0.0591	中	-0.0038
专用设备制造业	0.2199	高	0.1841	高	0.0776	中	-0.1423
汽车制造业	0.9420	高	0.7798	高	0.6738	高	-0.2681
铁路、船舶、航空航天和其他运输设备制造业	0.4965	高	0.1479	高	0.3565	高	-0.1400
电气机械及器材制造业	0.0960	中	0.0917	中	0.0615	中	-0.0344

续表

工业二位数产业名称	2012 年		2015 年		2017 年		2012～2017 年的变化
	G_i	集聚程度	G_i	集聚程度	G_i	集聚程度	
计算机、通信和其他电子设备制造业	0.1582	高	0.0248	低	0.0338	低	-0.1245
仪器仪表制造业	0.2992	高	0.1313	高	0.0167	低	-0.2825
其他制造业	0.0163	低	0.3793	高	0.1878	高	0.1715
废弃资源综合利用业	0.0084	低	0.2734	高	0.0234	低	0.0149
金属制品、机械和设备修理业	0.1307	高	0.2406	高	0.3209	高	0.1902
电力、热力的生产和供应业	0.0005	低	0.0039	低	0.0493	低	0.0487
燃气生产和供应业	0.2670	高	0.0577	中	0.1551	高	-0.1119
水的生产和供应业	0.0064	低	0.0414	低	0.1394	高	0.1330

2012～2017 年，天津滨海新区与重庆两江新区的 15 行业的 G_i 都有所提高，表明天津滨海新区与重庆两江新区部分行业的空间集聚程度在增强。另外，天津滨海新区与重庆两江新区化学纤维制造业、非金属矿物制品业、电气机械及器材制造业等 7 个行业的 G_i 稍有下降。具体来看：其他制造业，金属制品、机械和设备修理业以及水的生产和供应业 G_i 的变动超过 0.1，表明天津滨海新区与重庆两江新区部分行业的区域分工集聚程度上升幅度较大；橡胶和塑料制品业、其他制造业以及水的生产和供应业从低集聚状态发展成为中集聚状态或高集聚状态，表明这三个行业出现了明显的区域分工强化态势。同时，食品制造业、家具制造业、仪器仪表制造业等 11 个行业的 G_i 下降比较明显，说明这些行业的区域分工程度有所弱化。

6.3.2 三大新区工业各行业区域分工基本格局

上海浦东新区、天津滨海新区和重庆两江新区工业各行业的专业化强度偏低，2012 年和 2017 年工业各行业的专业化指数均值分别为 1.2084 和 0.8662，呈现下降的趋势，说明上海浦东新区、天津滨海新区和重庆两江新区工业各行业的分布较为平均，产业分布的格局已经基本形成。从各新区的专业化指数平均值看，天津滨海新区高于上海浦东新区，上海浦东新区高于重庆两江新区。2012 ~ 2017 年，天津滨海新区工业各行业的平均专业化指数由 1.3635 下降至 1.0623，上海浦东新区该指数平均值由 1.1513 下降至 0.8181，重庆两江新区该指数平均值由 1.1103 下降至 0.7182，如图 6.5 所示。

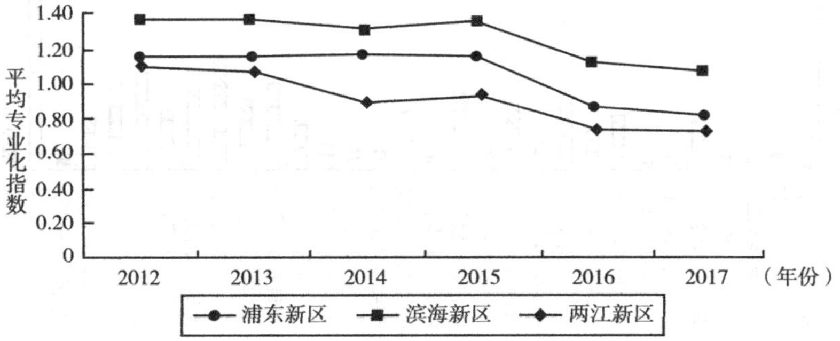

图 6.5　2012 ~ 2017 年三大新区工业各行业平均专业化指数变化情况

在 2017 年，天津滨海新区有 15 个行业的产业专业化指数 LQ_{ij} 值超过 1，优势产业较多，地区专业化程度较高；上海浦东新区有 11 个行业的产业专业化指数 LQ_{ij} 值超过 1，地区专业化程度居中；重庆两江新区仅有 5 个行业的产业专业化指数 LQ_{ij} 值超过 1，优势产业较少，地区专业化程度较低。汽车制造业，铁路、船舶、航空航天和其他运输设备制造业，计算机、通信和其他电子设备制造业是三大新区共同的优势产业，天津滨海新区与上海浦东新区在家具制造业，石油加工、炼焦及核燃料加工业，医药制造业，专用设备制造业，仪器仪表制造业，金属制品、机械和设备修理业等优势产业有一定程度的重叠。在 2012 ~ 2017 年，在天津滨海新区、上海浦东新区和重庆两江新区中，LQ_{ij} 值超过 1 的行业数量普遍下降，天津滨海新区与上海浦东新区 LQ_{ij} 值超过 1 的行业个数均减少 4 个，重庆两江新区 LQ_{ij} 值超过 1 的行业个数减少 5 个。表明在这 6 年内，三大新区的优势产业数量发生了很大的变化，产业呈现出差异化的发展态势，三大新区内的产业分工更加明确。总体而言，上海浦东新区、天津滨海新区和重庆两江新区的经济发展虽然在一定程度上存在着产业同构的情况，但是已经形成了较为明显的产业分工格局。

由图 6.6 和图 6.7 可知，金属制品、机械和设备制造业是上海浦东新区最为优势的产业。2017 年上海浦东新区有 11 个行业的产业专业化指数 LQ_{ij}

值超过 1，地区专业化程度居中；在 2012 ~ 2017 年，LQ_{ij}值超过 1 的行业数量下降，LQ_{ij}值超过 1 的行业个数减少 4 个。

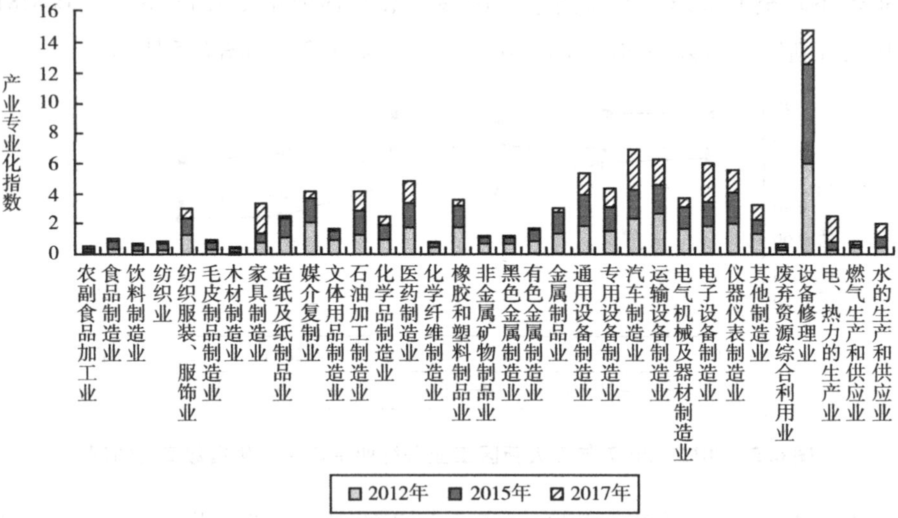

图 6.6　2012 ~ 2017 年上海浦东新区工业各行业的产业专业化指数

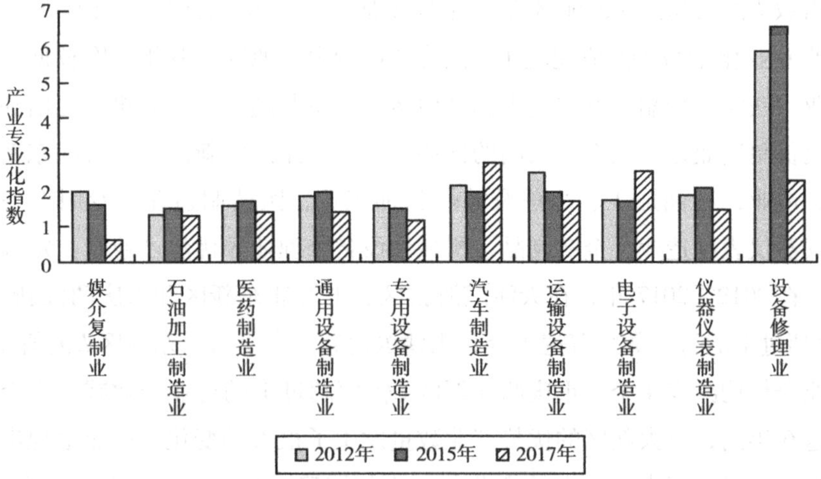

注：行业产业总体指数 >4。

图 6.7　上海浦东新区工业各行业的产业专业化指数变化情况

由图 6.8 和图 6.9 可知，在 2017 年，天津滨海新区有 15 个行业的产业专业化指数 LQ_{ij}值超过 1，优势产业较多，地区专业化程度较高。在 2012 ~

2017 年，LQ_{ij}值超过 1 的行业数量下降，天津滨海新区 LQ_{ij}值超过 1 的行业个数减少 4 个。结合图 6.6、图 6.7、图 6.8、图 6.9，天津滨海新区与上海浦东新区在家具制造业，石油加工、炼焦及核燃料加工业，医药制造业，专用设备制造业，仪器仪表制造业，金属制品、机械和设备修理业等优势产业有一定程度的重叠。

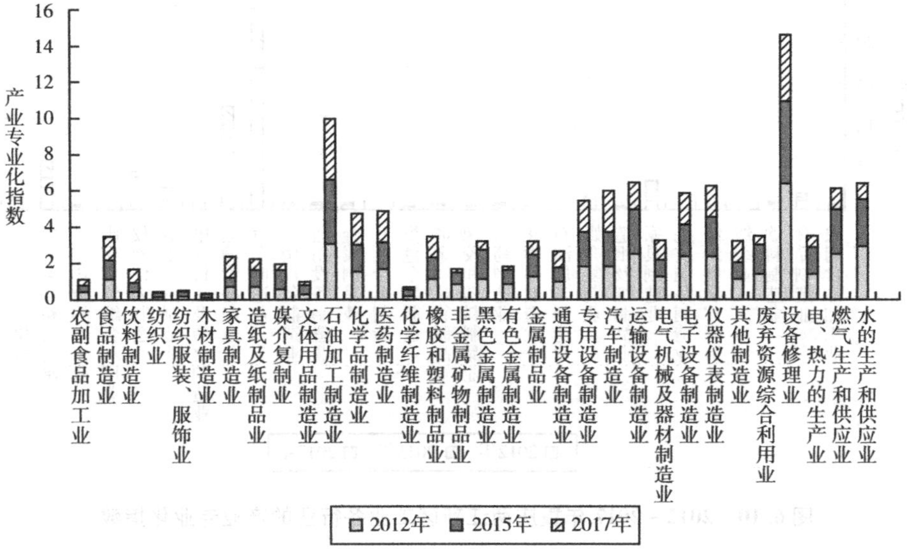

图 6.8　2012～2017 年天津滨海新区工业各行业的产业专业化指数

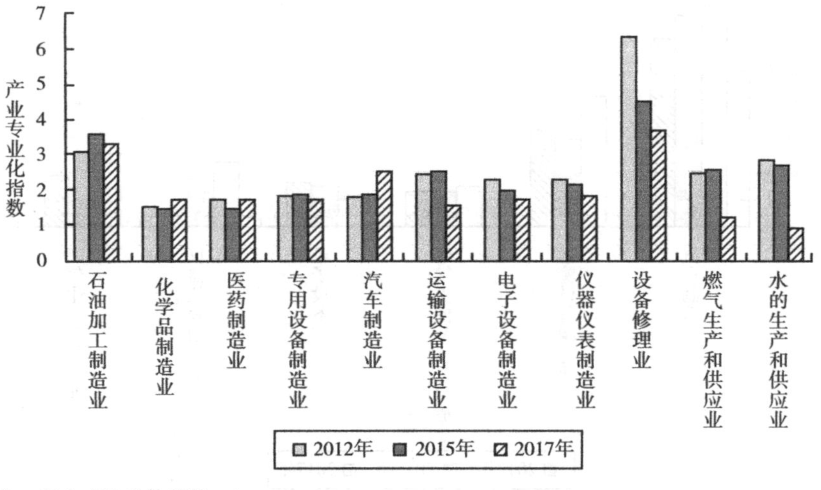

注：行业产业总体指数 >4。

图 6.9　天津滨海新区工业各行业的产业专业化指数变化情况

由图6.10和图6.11可知，汽车制造业是重庆两江新区最为优势的产业。2017年重庆两江新区仅有5个行业的产业专业化指数 LQ_{ij} 值超过1，优势产业较少，地区专业化程度较低。在2012~2017年，重庆两江新区 LQ_{ij} 值超过1的行业个数减少5个。

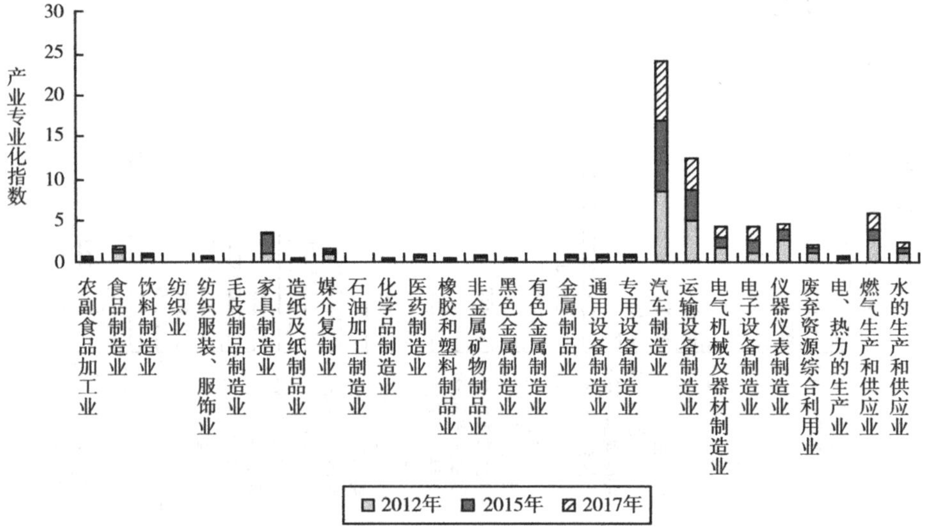

图6.10　2012~2017年重庆两江新区工业各行业的产业专业化指数

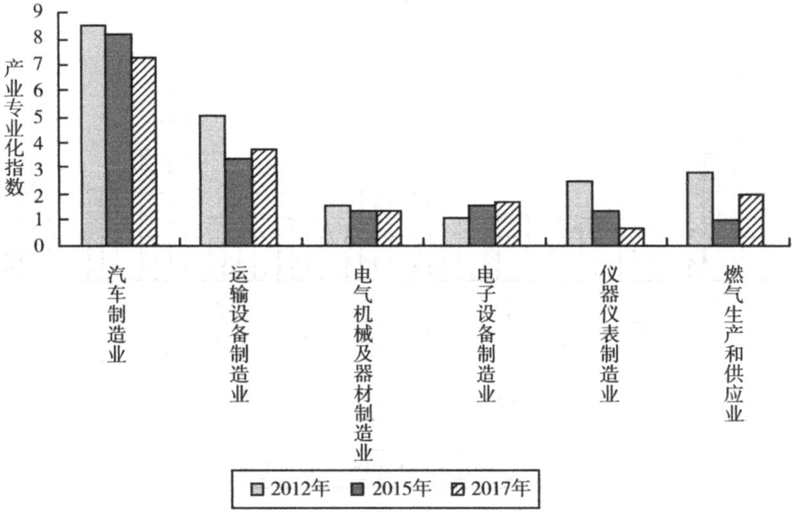

图6.11　重庆两江新区工业各行业的产业专业化指数变化情况

综上所述，三大新区共同的优势产业有汽车制造业，铁路、船舶、航空航天和其他运输设备制造业，计算机、通信和其他电子设备制造业。并且在这 6 年内，三大新区的优势产业数量发生了很大的变化，产业呈现出差异化的发展态势，三大新区内的产业分工更加明确。总体而言，上海浦东新区、天津滨海新区和重庆两江新区的经济发展虽然在一定程度上存在产业同构的情况，但是已经形成了较为明显的产业分工格局。

6.4 国家级新区产业合作潜力分析

6.4.1 指标选取与数据说明

国家级新区间产业结构的差异会推动新区间的产业联动，因此可以通过产业结构差异来推算新区间的产业联动程度。产业结构包含产值结构和就业结构，通常采用的产业合作潜力模型对其进行测度（王春萌等，2016），如式（6.11）所示：

$$L_{ij} = \lambda \prod_{i=1}^{2} \exp[abs(x_i - y_i)] / \sqrt{d_{ij}} \tag{6.11}$$

式（6.3）中，L_{ij}为 i、j 新区的产业合作潜力系数，exp 是以自然常数 e 为底的指数函数，abs 为绝对值函数，其功能为求取表达式的绝对值，i 取值为 1，2，当 $i=1$ 时，x_1、y_1 表示 i、j 两新区某产业产值占全国该产业产值的比例；当 $i=2$ 时，x_2、y_2 表示 i、j 两新区某产业从业人员占全国该产业从业人员的比例，Π 表示连乘，d_{ij}表示 i、j 之间的距离，本书取两新区中心城市间的直线距离，λ 为权重系数。由于产业转移的规律一般是从经济较发达的地区转移到经济相对落后的地区，实现产业转移需要具备一定的条件，经济相对落后的地区要拥有一定的产业基础及相关辅助产业作为支撑。因此，λ 值一般取 x_1、y_1 中的较小值（王春萌等，2016）。

本书按照 2017 年 10 月新修订的《国民经济行业分类》对各新区工业二位数产业进行划分和统计。所用数据分别来自于 2013 ~ 2018 年《上海浦东新区统计年鉴》《天津滨海新区统计年鉴》《重庆两江新区发展报告》

《上海统计年鉴》《天津统计年鉴》《中国统计年鉴》以及各新区年度统计公报。

6.4.2 三大新区工业各行业的产业合作潜力分析

通过计算上海浦东新区、天津滨海新区和重庆两江新区两两之间工业各行业的产业合作潜力系数，揭示三大新区间工业各行业的产业合作潜力。本书以 $L_{ij}<0.3$、$0.3<L_{ij}<0.9$、$L_{ij}>0.9$ 作为评价上海浦东新区、天津滨海新区和重庆两江新区之间产业合作潜力低、中、高的标准。由表6.8可知，其中，上海浦东新区与天津滨海新区产业合作潜力较强的行业有石油加工炼焦和核燃料加工业、医药制造业、汽车制造业、计算机通信和其他电子设备制造业、其他制造业、金属制品机械和设备修理业以及水的生产和供应业；上海浦东新区与重庆两江新区产业合作潜力较强的行业有汽车制造业以及计算机、通信和其他电子设备制造业；天津滨海新区与重庆两江新区在汽车制造业方面的产业合作潜力较强。

表6.8　　　　产业合作潜力评价情况

新区	强	中	弱	产业合作潜力
上海浦东新区与天津滨海新区	石油加工、炼焦和核燃料加工业 医药制造业 汽车制造业 计算机、通信和其他电子设备制造业 其他制造业 金属制品、机械和设备修理业 水的生产和供应业	家具制造业 化学原料和化学制品制造业 橡胶和塑料制品业 通用设备制造业 专用设备制造业 铁路、船舶、航天航空和其他运输设备制造业 电气机械和器材制造业 仪器仪表制造业 电力、热力生产和供应业	其余18个行业	强
上海浦东新区与重庆两江新区	汽车制造业 计算机、通信和其他电子设备制造业	家具制造业 铁路、船舶、航天航空和其他运输设备制造业 电气机械和器材制造业 仪器仪表制造业 其他制造业	其余27个行业	中

续表

新区	强	中	弱	产业合作潜力
天津滨海新区与重庆两江新区	汽车制造业	铁路、船舶、航天航空和其他运输设备制造业 电气机械和器材制造业 计算机、通信和其他电子设备制造业 仪器仪表制造业 其他制造业 燃气生产和供应业	其余 27 个行业	弱

根据表 6.8 的计算结果以及图 6.12，我们把上海浦东新区与天津滨海新区工业各行业的产业合作潜力整体评价为强；把上海浦东新区与重庆两江新区工业各行业的产业合作潜力整体评价为中；把天津滨海新区与重庆两江新区工业各行业的合作潜力整体评价为弱。总的来说，三大新区在汽车制造业以及计算机、通信和其他电子设备制造业这两个产业的 L_{ij} 值均大于 0.8，合作潜力较强。

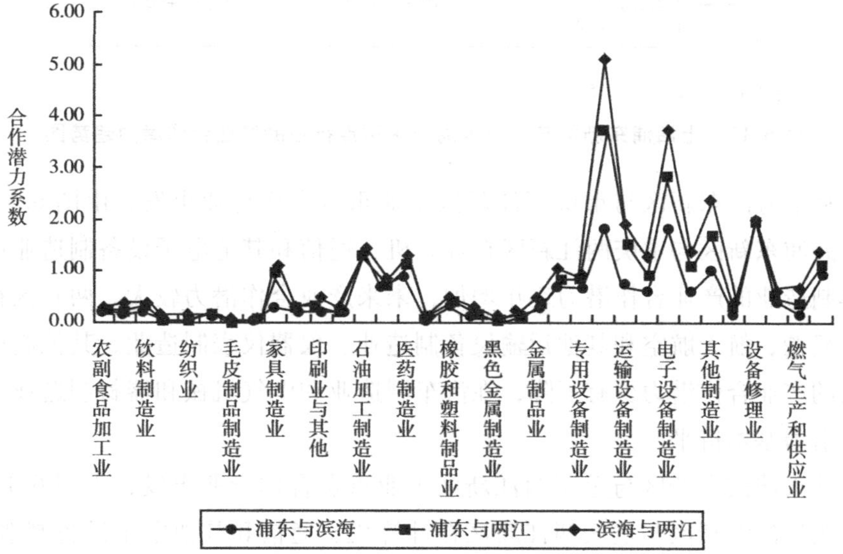

图 6.12　2017 年上海浦东新区、天津滨海新区和重庆两江新区工业各行业的产业合作潜力系数

从上海浦东新区与天津滨海新区工业重点合作行业出发，由图6.13可知上海浦东新区与天津滨海新区在化学原料和化学制品制造业、医药制造业、橡胶和塑料制品业、电气机械和器材制造业以及其他制造业的产业合作潜力呈现先降低后上升的"U"形状态。然而上海浦东新区与天津滨海新区大部分传统工业行业的产业合作潜力在逐年递减，例如石油加工、炼焦和核燃料加工业、汽车制造业、水的生产和工业业等行业。个别产业如电力、热力生产和供应业产业合作潜力基本持平。

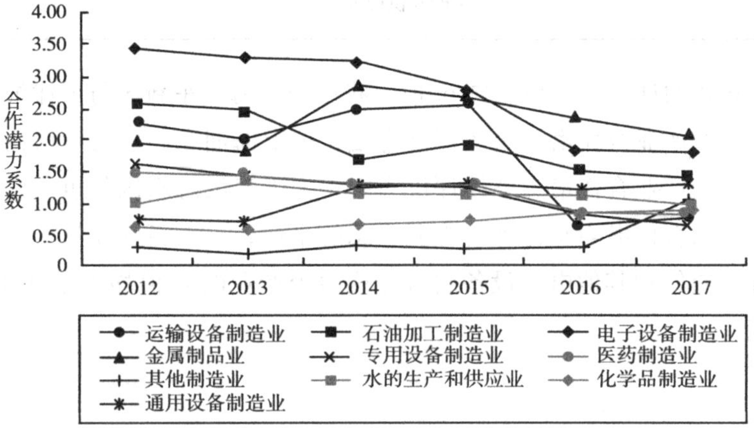

注：合作潜力系数大于0.5。

图6.13 上海浦东新区与天津滨海新区重点行业的产业合作潜力趋势图

从上海浦东新区与重庆两江新区工业重点合作行业出发，由图6.14可知上海浦东新区与重庆两江新区在计算机、通信和其他电子设备制造业以及家具制造业的产业合作潜力逐年增加，未来产业合作潜力较大。两新区在铁路、船舶、航天航空和其他运输设备制造业、仪器仪表制造业、其他制造业方面的产业合作潜力少有下降，在汽车制造业和电气机械和器材制造业产业合作潜力基本持平。

从天津滨海新区与重庆两江新区工业重点合作行业出发，由图6.15可看出天津滨海新区与重庆两江新区在计算机、通信和其他电子设备制造业、燃气生产和供应业、仪器仪表制造业、其他制造业以及铁路、船舶、航天航空和其他运输设备制造业的产业合作潜力近两年在持续提升，在电气机械和器材制造业产业合作潜力基本持平。

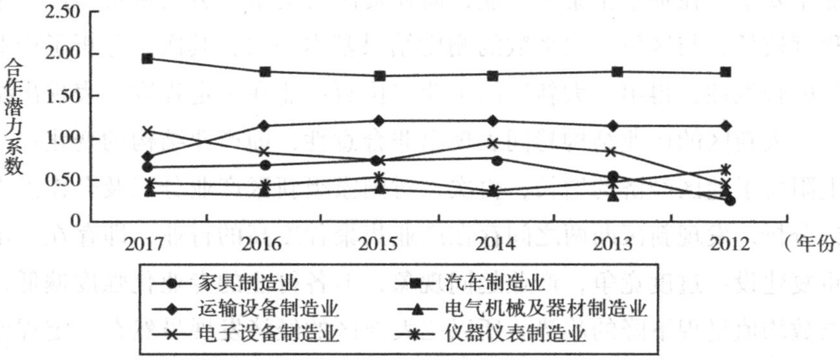

注：合作潜力系数大于 0.24。

图 6.14　上海浦东新区与重庆两江新区重点行业的产业合作潜力趋势图

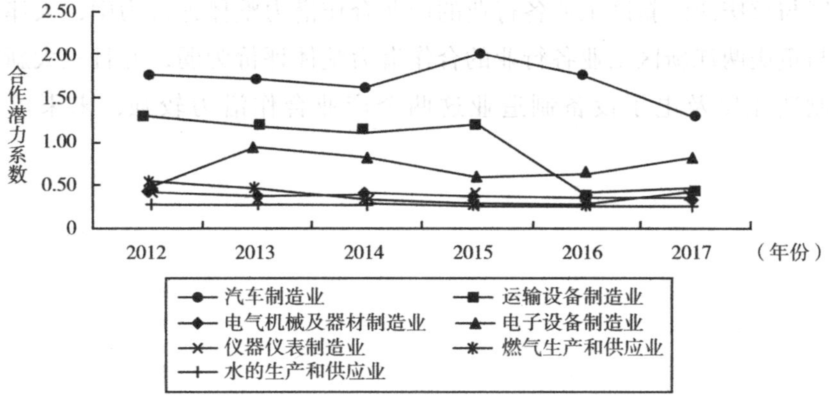

注：合作潜力系数大于 0.24。

图 6.15　天津滨海新区与重庆两江新区重点行业的产业合作潜力趋势图

6.5 小　　结

本章首先，对国家级新区的产业结构趋同性与合意性进行了实证分析，表明上海浦东新区和天津滨海新区的产业结构趋同程度较高，历年走势趋稳，重庆两江新区和天津滨海新区的产业结构趋同程度较低，但上升趋势明显。并且三大新区工业二位数产业层面存在明显的趋同现象，趋同程度较高的产业主要集中在资本密集型产业，而在资源密集型和劳动密集型产业中的趋同程度较低，与区位基尼系数的测度结果基本一致；其次，分析了产业结构趋同的合意性，得出三大新区的工业二位数产业在一定程度上表现出结构趋同，三大新区的产业结构趋同表现出非合意性，即产业结构的变化在一定程度上阻碍了地区经济的增长；再次，对国家级新区产业分工及合作潜力展开实证分析，发现新区两两之间存在产业集聚程度高的行业，即存在一定程度的重复建设、过度竞争，产业趋同现象，但各行业的专业化强度偏低，专业化指数均值呈现下降的趋势。所以三大新区的经济发展虽然在一定程度上存在着产业同构化的现象，但是已经形成了较为明显的产业分工格局，产业发展呈现为差异化的态势，产业分工愈加明确；最后，根据实证结果，上海浦东新区与天津滨海新区工业各行业的产业合作潜力整体评价为强，上海浦东新区与重庆两江新区工业各行业的产业合作潜力整体评价为中，天津滨海新区与重庆两江新区工业各行业的合作潜力整体评价为弱，并且三大新区在汽车制造业以及电子设备制造业这两个产业合作潜力较强，未来可加强合作。

第 7 章

国家级新区产业分工与价值链重构的机制与路径

在理论与实证分析的基础上，立足国家级新区的实际情况，提出国家级新区产业分工深化与价值链重构的机制与路径，为政府部门制定相关政策提供参考，助推国家级新区融入以国内大循环为主体、国内国际双循环相互促进的新发展格局。本章主要包括两个部分：第一部分是国家级新区产业分工与价值链重构的五个机制；第二部分对应五个机制，提出国家级新区产业分工与价值链重构的主要路径。

7.1 国家级新区产业分工与价值链重构的机制

7.1.1 建立合理的产业分工机制

产业分工是指一定的生产经营主体、群体在产业、行业的整个生产过程流中所承担的任务或扮演的角色。国家级新区在发展之初都基于战略方向和地域优势形成了产业发展重点，但由于在政策层面有着相似的倾斜、新区建立的体制机制也大致相似，都是为了某一特定目标而设立，所以各国家级新区在主导产业选择和确立的过程中会出现产业趋同的问题，缺少一个良好的分工机制，如不同产业之间的分工、位于同一产业高中低端的分工。

通过国家级新区之间的合理的产业分工，基于多种效应，能有效促进国家级新区产业及国家价值链的升级。第一，各国家级新区的比较优势能够得到发挥。国家级新区受到地理位置、资源配置、区域经济状况等因素的影响，会逐渐形成有别于其他的新区的比较优势。而且，随着国家级新区的不断发展，其比较优势也会随之发生变化。这其中，一些比较优势，如浦东新区的外贸优势、滨海新区的港口优势等，是各国家级新区的特有资源，会在很长一段时间内成为其竞争力的保证。而另一部分的比较优势，如人才的流动、对口政策的支持、产业集聚的影响等，需要国家级新区在发展过程中不断结合自身定位予以强化或修正。不同国家级新区因为产业规划不同及主导产业不同，形成了不同的产业集团，产业集聚通过规模经济、创新效益、竞争效应来实现。专业化优势会随着分工的不断精细化得以继续保持。第二，产业分工能够使资源得到较为合理的配置。通过建立合理的产业分工机制，可以使各国家级新区能够在某一行业形成专业化优势，使得资源的有效转化率得到提高，充分发挥新区的生产力潜能。第三，产业分工有利于培养国家级新区的规模优势。国家级新区之间通过产业分工，能够形成不同的产业集群，通过对产业的合理布局，能够有效促进产业间技术的互联互通，提高新区主导产业的产能，可以提高市场占有率，进而提升新区主导产业和优势产业的国际竞争力。可以对产业链的上游和下游进行分解，将生产环节通过产业分工而配置在具有更高生产效率的国家级新区之间，以达到降低生产成本，提高生产效率的目的。

7.1.2 建立有效的技术创新机制

培育新区的创新能力是国家级新区价值链的重构进程中的重要环节，而新区技术创新机制的构建主要有两方面的内容值得注意。首先，是需要重点关注创新链与价值链的精准协同。创新链与价值链的协同，是国家级新区能够增强国际竞争力的保证。其次，坚持实施以创新为驱动力的发展战略，坚定不移实施“科创+产业”双轮驱动，以科技创新中心建设为抓手，打造产业升级和实体经济联合发展高地，促进创新链与产业链深度融合，这是国家级新区在全球价值链中的位势不断攀升的必经之路，也是国家级新区高质量发展的强劲动能。

技术创新能力并不是能够一朝拥有的，国家级新区虽然拥有政策红利、相关资源倾斜这一优势，但仍然需要遵循合理的、科学的发展逻辑，形成有效的技术创新机制。构建有效的技术创新机制，一方面需要各国家级新区之间加强科技创新合作，各个国家级新区应充分发挥各自优势产业的科技创新实力，积极吸引和利用创新资源，共建开放互通、合作共赢的区域创新体系；另一方面以国家级新区为整体，构建对外开放、与国际融合发展的区域协同创新共同体，吸引对接国际创新资源、接轨国际创新链，提升科技成果转化能力、加速创新成果转化。加强政策创新，不断优化政策环境，完善创新激励机制，打造全球科技创新高地。

国家级新区需要进一步加强创新合作。一是推进国家级新区间共建创新平台和大数据中心，促进创新要素跨新区流动，建立创新要素流动机制；二是加强创新基础设施建设，引进前沿的创新资源驱动新区内建设创新，支持重大科技基础设施、重大创新平台和重科研机构在国家级新区内布局建设；三是加强“产学研”协同融合，坚持市场导向，发挥企业主体作用，支持新区企业、高校、科研院所共建高水平的创新资源共享平台，建立新区之间的产学研创新联盟，加强创新资源共享，共建技术创新体系，促进创新链与产业链的深度融合。通过产学研协同，推动科技成果转移转化，加强与产业的对接。

7.1.3 建立高效的区域协同机制

当前，国家的价值链正处于经济结构转型的战略攻坚期，需要不断探索适合新时代发展的新方向和新途径以促进国家产业结构升级。国家新区作为国家发展战略的重要部署，一方面，其高质量发展不仅可以发挥其对区域内的经济辐射带动作用，也能够推动经济结构顺利转型和产业结构优化升级，提升和畅通国内国际循环；另一方面，国家新区的发展不仅需要思考单个新区的发展，也需要思考怎样实现新区间的相互依赖和空间溢出，通过联动作用促进区域间的协调发展，即实现区域协同。

要实现区域协同，需要建立四个机制分别为：动力机制、信息传递机制、组织协调机制和利益保障机制。一是动力机制，其主要源于国家级新区之间通过协同作用提高生产效率，降低生产成本的内部驱动和新区政府间从国家战略出发进行统一布局的外部驱动。通过对市场或政府这两大动力源的刺激与引导，能够促进国家级新区的协同创新进程，实现系统运行第一步；二是信息传递机制，主要包括信息采集和信息反馈。国家级新区间的协同作用不会一步到位，合理的区域协调机制需要国家级新区之间反复的沟通协调，相关的基础设施建设和政策体系之间要予以配套，这个过程就需要一个完善合理的信息传递机制来提供保障；三是组织协调机制，主要是指顶层设计和组织机构构建，该机制能够有利于在新区的发展进程当中，通过市场这只“看不见的手”和政府这只“看得见的手”，共同发挥作用，调动、协调、整合各种要素，保障各个系统顺利运行；四是利益保障机制，这是实现国家级新区之间能够和谐平稳发展的基础。通过对利益的合理分配，不仅能够增强各国家级新区的生产活力，也能在总体层面实现总的利益最大化，有助于我国的双循环进程。

7.1.4 建立开放的内外联动机制

着眼我国发展阶段、环境、条件变化，习近平总书记提出，要推动形成以国内大循环为主体、国内国际双循环相互促进的新发展格局。国家级新区作为区域经济发展的增长极，在畅通国内大循环，融入国际大循环过程中发挥重大战略作用。国家级新区作为承担国家重大发展和改革开放战略任务的综合功能区，也是国家对外开放的前沿窗口，所以在国家级新区建立开放的内外联动机制、联结中外是至关重要的。

内外联动机制指两方面内容，畅通国内大循环的同时，国内国际双循环相互促进。一是对内来说，畅通国内大循环，以国内大循环为主体，发挥我国超大规模市场的潜力和优势，利用我国具有全球最完整、规模最大的工业体系、强大的生产能力、完善的配套能力，以及回旋空间大的特点，把发展的立足点更多放到国内，实施扩大内需战略；二是对外来说，就是形成国内国际双循环相互促进的新发展格局，充分利用好国际国内两个市场、两种资源，与国际经济更好的联通，在新的形势下，培育和提升我国参与国际合作和竞争的新优势，为我国经济发展增添新动力，发挥对外贸易大国优势，发展高水平开放型经济，促进内外市场和规则对接，创造“你中有我、我中有你”供应链生态，形成国内循环与国际循环相互促进。

国家级新区内外联动机制的建立能够帮助新区企业在变化的经济形势中进行稳定、安全的跨国经营活动。通过对企业跨国经营活动财产安全、资金安全的保护，能够增强新区企业境外经营投资活动的稳定性；帮助新区在中美贸易争端、新冠肺炎疫情暴发和国外贸易保护主义和民粹主义抬头的国际背景以及国内经济发展放缓的背景之下持续稳定发展；通过以国家级新区为“排头兵”建立国家价值链，减少对外贸易的依赖度，关注国内市场，以国内循环为主体拉动中国经济高质量发展。

7.1.5 建立完善的政策保障机制

政策保障机制是指通过对国家级新区建设发展各领域提供完备的政策保障，为国家级新区的市场主体提供一个发挥潜力的舞台，激发市场活力。政策保障机制是促进国家级新区价值链重构进程的有力抓手。

国家级新区的价值链重构进程中，应重点推进“放、管、服”行政管理体制改革，优化政府的工作流程，为企业提供专门的业务办理，提高政府审批的效率。同时实行提前介入和服务专员协办机制，建立联系工作机制，在全国率先探索实现企业登记全程电子化，并建设“一站式”公共服务智慧化平台，建立主动服务、后台保障的长效工作机制。

此外，国家级新区还应将继续开发建设市场信用监管平台，制定信用评级标准，规范监管行为，提高监管效能，明确监管责任。各个新区要加强官网建设，充分利用好互联网平台，建立高效的信息服务体系。优化综合服务平台、公共服务平台等，为市场主体提供方便的政府服务。各个新区政府应增强信息透明度，建立公开透明的政策发布和查询网络体系，避免政策信息模糊导致的新区相关资源浪费。在人力资源方面，国家级新区还应建立强有力的政策保障，促进人才流动，提升人力资源效益。在国家级新区的价值链重构进程中，新区要不断进行政策创新，积极服务产业转型，用差异化的政策引领和服务产业发展，着力健全要素保障，确保价值链重构进程能够顺利进行。

7.2 国家级新区产业分工与价值链重构的路径

7.2.1 基于产业分工的路径

7.2.1.1 建立协同的分工体系，推动新区产业间差异化发展

首先，按照国家价值链的产业需求，大力发展新兴产业。因为中美贸易战和新冠肺炎疫情的影响，在之前国家严重依赖进口的高新产业无法实现进口的情况下，以国家级新区为产业发展“排头兵”，大力发展新兴产业，畅通独立自主的国家价值链，以此来弥补国家价值链缺失的部分。国家级新区可以通过产业联动寻求新区自身的比较优势，实现差异化竞争与发展，从而形成完整的国家价值链。根据前面聚类分析结果，可将国家级新区分为成熟型国家级新区、成长型国家级新区、潜力型国家级新区、培育型国家级新区。不同类型国家级新区对于新兴产业应差异化发展。成熟型国家级新区的主导产业主要聚焦在高新技术行业，在发展新产业时也应利用自身行业的规模优势，积极发展高技术、高智能、高创新行业；成长型国家级新区主导产业主要聚焦在制造业，在发展新产业时应注重夯实制造业基础，注重实体经济发展；潜力型国家级新区主导产业主要是依托资源禀赋和区域优势差异，发展新产业时也应更注重自身资源禀赋的利用，发展适用当地区域的产业；培育型国家级新区发展较晚，正处于稳定增长的阶段，应按照产业规划稳定发展。

其次，加快主导产业的进一步改造升级。每个国家级新区都有自己的主导产业，主导产业往往是侧重于新区当地的区域优势和战略优势所发展起来的。例如，浙江舟山新区基于自然资源禀赋，围绕海洋经济选择水产品加工业发展为主导产业；上海浦东新区依托上海全国金融中心的优势，选择金融业作为主导产业；重庆两江新区依托重庆装备制造业的基础，将汽车产业发展为主导产业。对于新区之间差异化的主导产业需要进一步加强改造升级。新区的主导产业往往已经在产业园区形成一定程度的产业集聚，所以需要继续充分利用新区已经存在产业比较优势和规模优势，培养壮大主导产业，以

各新区的重点产业为抓手促进产业升级。产业集群方面应该继续扩大新区主导产业集群，吸引相近相关产业的转移，形成规模优势；政府政策方面出台相关产业政策，减少主导产业税收，大力招商引进处于主导产业价值链高端的企业；金融方面可以建立关于区域主导产业的发展基金，缓解产业融资压力。

7.2.1.2 加强产业内分工合作，提升新区产业分工合作效应

国家级新区在发展过程中，发展目标比较相近，体制机制较为相似，都享有国家或地区的优惠政策，因而在主导产业选择上不可避免会存在一定的趋同性。例如，滨海新区、两江新区、贵安新区、金普新区、福州新区、云南滇中新区和天府新区先后将电子信息产业列为主导产业；滨海新区、两江新区、南沙新区、西海岸新区、天府新区和江北新区均将汽车产业作为主导产业，各新区都在争相发展高端高新产业。同一产业内新区的分工应注重竞合博弈，在包含 19 个国家级新区的庞大的新区战略联盟，每个国家级新区都映射为合作博弈模型里面的局中人，通过合作分工，合理分配资源，推动要素流动，充分发挥市场在配置资源中的基础性作用，营造公平的市场环境。

第一，国家级新区可以开展联合招商。对于一些发展前景优良、产业促进效应良好的企业，新区之间应该摒弃恶性竞争，开展联合招商，鉴于自身优势，将企业的不同部门放置在不同新区，进行资源共享，效益共享；第二，优化国家级新区之间水平分工。经济发展水平、产业结构大致相当的新区应该以水平型分工为主导，新区之间的分工应注重的是产品的差异性。新区之间同一产业内不同厂商生产的产品在技术上相同或相近，但是规格、品种、质量、外观、价格都各有不同，从而产生新区之间的分工合作；第三，拆分并配置同一产业的不同价值链环节。将产业进行拆分至数个价值链环节，将不同的价值链环节根据新区自身的产业优势进行分配，从而提高整体产业的生产效率。新区之间需打破行政性垄断、防止市场垄断、跨越地域垄断，清理废除妨碍新区之间公平竞争的各种规定和做法，以市场与产业为基准，将同一产业不同价值链环节由新区之间进行统筹使其分布在不同新区，建立新区之间的协同合作关系。

7.2.2 基于技术创新的路径

7.2.2.1 依托前沿技术和新业态，促进新区创新链产业链融合

国家级新区的创新方向应以提高产业链综合竞争力为目标。这就需要国家级新区加强创新链与产业链跨区域深度融合。推动创新链与产业链精准衔接，依托创新链依托提升产业链，进而推动产业升级。首先，国家级新区应聚焦关键技术和前沿领域开展联合研发和攻关，政府部门统筹协调，产学研三方深度合作，开展跨学科跨行业跨区域的合作攻关，形成从研发到成果转化、产业应用的创新产业链。其次，整合企业与科研院所的力量，激励科研人员参与产业创新，实施跨新区协同创新，实现产业生态吸引人才、人文环境培育人才、薪酬待遇留住人才。建立区域产业协同联盟，促进科研成果的转化，只有形成产品创新才会形成生产力。最后，应共同培育新技术新模式，创新商业业态模式，推动数字经济与产业融合，发展共享经济、平台经济、体验经济等新经济模式，培育国家级新区经济发展的新动能。

具体来看，一是提升国家级新区之间的流通创新能力，推动经济龙头企业和商产融合产业集群的出现。比如，具有运输优势的新区，可以运用该优势建设跨境电商综合试验园区，发展新零售新业态，构建全球领先的新零售网络。发挥互联网、电商平台和大数据技术等优势，促进数据资源流动，助推区域产业升级服务平台和区域性工业互联网平台的建立。二是要加强大数据、物联网、区块链、云计算、人工智能等新技术的研发和应用，支持人工智能等新型研发平台通过科研机构联合新区内龙头企业在国家级新区进行合理布局。上海浦东新区、重庆两江新区等，具备一定基础条件，可以发挥领头羊作用，率先开展智能汽车制造与测试，实现自动驾驶汽车产业化落地，发展创新型经济。

7.2.2.2 构建技术创新联盟，推动新区协同创新

建立有效的技术创新路径，除了要顺应政策环境，还需要各国家级新区之间加强科技创新合作，各个国家级新区应充分发挥各自优势产业的科技创新实力，积极吸引和利用创新资源，共建开放互通、合作共赢的区域创新体

系。另外，以国家级新区为整体，积极建设对外开放的平台，吸引对接国际创新资源、接轨国际创新链，同时以政策为辅、优化政策环境和创新鼓励制度，促进科技成果产业化。并同时促进创新人才、信息、资本、技术等要素的流动。除了加强创新基础能力建设外，还需加强产学研深度融合，建立以市场为导向、企业为主体、产学研深度融合的技术创新联盟。

具体而言，一要加强产学研深度融合，支持新区科技企业、高校、科研院所共建高水平的协同创新体系，促进科技成果转化和产业化。建立新区间的科技创新合作协同发展平台，做好国家级新区联合创新资助计划，推动国家级新区间的产学研创新联盟建设，增加国家级新区之间协同发展能力，助推形成高质量发展的重要增长极；二要搭建公共技术和创新资源共享平台，实现创新资源的有效分工与合理衔接，加强国家级新区的资源共享和科技创新前瞻布局，做到重内涵、拓合作、聚资源，降低创新成本，集中力量突破核心关键技术，联手提升自主创新能力，打造全国高质量发展增长极；三要实施技术转移转化，加速科技成果的产业化商业化转化，以国家战略为指引，优先推动国家重大专项、国家科技重大战略项目建设，提升新区产业整体竞争力。例如，新区可以共同建设科技资源共享平台，推动科技资源共享，实现科研设备、科技文献与数据等的共享。国家级新区可以联合促进科技成果产业化，以市场为导向，充分发挥政府作用，奠定创新成果商业化和产业化的基础。

7.2.3 基于区域协调的路径

7.2.3.1 完善多层次多领域合作机制，引导新区联动发展

加大区域协调发展力度，引导国家级新区联动发展，可以从动力机制思考相应对策。动力机制其主要是通过企业的内部驱动和政府的外部驱动，对国家新区的发展进行整体布局，调整产业结构，形成合理的分工体系，以实现国家级新区的产业结构能级提升，促进其系统联动发展。从动力机制思考国家级新区联动发展的对策：一是需要通过内外部驱动促进产业结构和地理位置相似度较高的新区之间的合作联动。例如，由政府牵头，企业为主体建立新区间的重大事项、重大项目共商共建机制，促进新区间的信息交流和项

目合作，利用地理位置和产业相似优势，促进相关新区的合作，使新区通过联动，得到发展和提升。二是通过内部和外部的力量有效推动新区间跨地域、跨行业的资源共享和商品市场流通。比如，政府可以对商品市场流通的整体网络布局及其基础设施的配备进行统筹规划，让国内的网络布局更加畅通、便捷，同时又能推动国内外贸易的发展。也可以建立相关的联动机制，让市场机制发挥决定性作用，进一步释放市场活力。加大国有企业改革力度，加强国有企业跨区域合作；为民营经济创造更宽松的环境，鼓励民营经济跨区域并购重组，鼓励民营经济高质量发展。通过鼓励行业组织、商会、产学研联盟等开展多领域跨区域合作，促进新区联动发展。三是通过内外部驱动促进新区“先富带动后富”的机制尽早实施和完善。例如，加强有先发优势的国家级新区，如浦东新区、滨海新区、两江新区等，与近几年新设立的国家级新区开展多渠道的合作，并通过资源的合理利用，加强区域重点城市建设，辐射带动周边地区协同发展。四是建立健全重点领域合作机制。如天津滨海新区与重庆两江新区可以在计算机、通信和其他电子设备制造业，以及铁路、船舶、航天航空和其他运输设备制造业等产业合作潜力持续提升的领域加强合作。上海浦东新区与重庆两江新区可以在计算机、通信和其他电子设备制造业以及家具制造业等产业合作潜力逐年提高，未来产业合作潜力较大的领域加强合作。

7.2.3.2 加大区域协调发展力度，推动新区一体化发展

首先，可以通过构建利益保障机制，推动新区一体化发展。国家级新区之间可以建立一种利益共享且成本共担的机制，协调区域利益，让其作用得到充分的 发挥。探索、建立各大产业跨区域转移、重大基建、各园区间协同发展的利益共享机制和成本共担机制，进一步增强市场主体和政府自身的积极性。改进征管协调机制和税收利益分享机制，让各个国家级新区能够互利共赢，促使国家级新区间公平竞争。探索、建立关于税收和区域投资的相关处理机制，缓解新区间的利益冲突，形成利于新区发展的良好环境，尤其是要有利于新区间生产要素的高效配置，让生产要素能够自由流通。

其次，从信息传递和组织协调机制的搭建出发，助力国家级新区间的一体化发展。其主要是通过信息的获取、整合和反馈协助国家级新区之间的信

息沟通，促进新区一体化发展。具体而言，一是可以由政府和新区牵头构建第三方信息交流平台，进行信息搜集与整合，搭建多层次（产业、行业、企业）一体化的信息共享平台和相关经济发展要素（如人才、能源、科技资源等）的信息共享平台、及时获取和了解内外部包括政府政策导向、区域资源配置情况等信息，促进新区间运转方向的一致性，促进一体化发展；二是可以设立专门的信息反馈界面或跟踪调查、回访等措施获取反馈信息，就新区发展过程中出现的各类矛盾、改进意见等形成反馈建议或报告，提交到政府的相关部门，让其协调发展新区一体化的工作有据可依。

7.2.4 基于内外联动的路径

7.2.4.1 共建高水平开放平台，积极推动新区融入双循环

以国家级新区为开放的前沿窗口，来推进贸易的自由化，从而推动新区融入国际大循环。加快建设线下贸易服务平台，助力跨国投资、提供专业服务。国家级新区可以开展联合招商，促进招商引资项目的协同发展，不断完善贸易投资的相关配套设施。使进口商品的报关通关更加便利，让交通、环境、安保等各方面得到相应的保障。国家级新区间的贸易投资活动，如品牌展会等，应加强协调联动，从而提升整体上的影响力，以达到更好的效果。

具体来讲，如浦东新区可以利用上海作为国际大都市的对外开放优势，让浦东新区的城市功能，如交通、会展、高端商务等深度融合，打造 CBD 和国贸平台，让浦东新区能够更好地辐射内陆、让国内外连接的道路更加畅通。滨海新区可以利用其港口优势，推动国际航运枢纽建设，服务京津冀协同发展，加快融入双循环。地处内陆的兰州新区也可以通过“一带一路”、新时代西部大开发、兰西城市群建设等战略机遇，合理构建符合国家级新区特色的高水平开发平台。通过建设双循环体系，使国家级新区的发展与我国“引进来”“走出去”的政策相呼应，让国家级新区能够在与国际接轨的基础上实现互利共赢。

7.2.4.2 协同改善贸易宏观环境，促进新区对外贸易交流

以国家级新区为抓手，建立统一开放的市场，完善需求和供给的国际循

环，整合资源流入和转移积累，需要以无障碍的贸易宏观环境为基础。通过推进高水平、多层次、跨区域的对外贸易，拓展对外贸易多元化，推动区域自贸园区建设，积极推动全面开放，使资金、劳动力、技术等资源可以自由流动，增加经济活力。降低国家级新区的市场准入，削减双边贸易壁垒，建立制度化的经济合作关系。国家级新区也可以引进外资，增加外资在国家级新区的直接投资，在园区内投资建厂，提高就业，拉动园区内经济发展。

在当前国际经济风险日益增长的背景下，政府对企业的风险防控支持必不可少。跨国企业可以在政府的帮助下建立相应的法律支撑体系、风险预警机制和金融财政相关支持体系。在这样的财产保险体系下，企业能够有效降低财产损失。在目前的形势下，资金的海内外流通也需更加自由，政府应在一定程度上放松对跨国投资的审批，放松对信贷、外汇等金融市场的监管。投资风险的评估与预测也显得尤为重要，政府应牵头成立针对国际投资的咨询机构，为有需要的企业提供有关信息和相关服务。

7.2.5 基于政策保障的路径

7.2.5.1 建立规则统一的制度体系，提升新区治理效能

除了坚持全面深化改革，国家新区政府间也应为建成要素自由流动的统一开放市场提供政策助力，即通过破除体制机制障碍以及新区间的壁垒，形成国家新区可持续发展的内生动力。

首先，国家新区应建立和完善政策协同机制。第一，要加强重点领域的政策协同，提升区域政策的协调性。比如：可以就土地管理、企业注册登记管理、企业负外部效应监管、企业生产发展过程中投融资、财税制度等方面加强新区政府间的政策协商，达成共识，共同制定相关规则和制度，促进新区政府间政策机制的有效生成；第二，还可以在企业发展的过程中建立统一的规则，规范人才引起与招商引资规则，避免无序竞争，为新区间的发展提供保障性强、服务性高的长效工作机制；第三，要提升政策执行的协同性。如在知识产权保护、环境协同防控、食品安全监管、财税政策管理等方面加强新区间的联防联控。

其次，成熟型新区也应与培育型、潜力型新区间建立标准统一管理制

度，加强标准领域合作，如制定新区间统一的信用评级标准，加快推进标准互认，推动尚未释放潜力的新区快速发展。国家新区之间还可以通过建立联合组织，为区域项目的立项、推出、实施、评价监督等方面提供统一的标准。比如：可以利用区域标准化联合组织，在产品运输、环境防控、食品安全监管、生态补偿、信用体系等各方面开展区域标准规范统一化试点；此外，也可以就国家级新区之间标准的制定、项目的认定等方面建立区域性的标准体系，提升新区的治理效能。

7.2.5.2 建立健全要素保障机制，激发新区发展活力

首先，土地、劳动力、资金等生产要素是企业发展的基础，也是国家新区发展建设的有力支撑。就土地资源方面，国家新区政府应根据发展规划，实施用地计划指标、优先确保建设用地，加强对重点发展产的业支持，并辅以灵活的房屋和土地政策。

其次，国家级新区还应建立完善跨区域要素交易机制，推动人才和劳动力资源的共享。比如：国家级新区可以建立开放的人力资源市场，建立公开的人力资源信息体系，共享人力资源、人才需求、就业岗位等信息；将新区政府的人才引进政策进行优化，促进高层次人才在新区内部的优化配置，以进一步促进新区持续稳定的发展建设。

最后，新区政府还应加强资本市场的分工合作，推动金融领域的协同改革，增强资本的吸引力，为国家级新区建设加持资金优势。比如：通过加强区域之间的金融资源优化配置，促进资本的有效流通，为新区间高质量企业的发展建设助力；此外，也要顺势政策潮流，加速推进对外交流合作体制改革，通过成熟型新区的探索，在全球市场上为新区建设引进更多资本。

7.3 小　　结

本章结合有关区域发展、产业升级等相关理论和文献，提出了国家级新区产业分工与价值链重构的五个机制，即建立合理的产业分工机制、建立有效的技术创新机制、建立高效的区域协同机制、建立开放的内外联动机制、

建立完善的政策保障机制。从不同角度分析了国家级新区价值链重构进程，为国家级新区成为带动地区经济高质量发展的重要引擎，进一步明确了方向。

对应五个机制，立足国家级新区的实际情况，结合国家级新区的特殊使命，提出了国家级新区产业分工深化与价值链重构的十个路径，包括建立协同的分工体系，推动新区产业间差异化发展；加强产业内分工合作，提升新区产业分工合作效应；依托前沿技术和新业态，促进新区创新链产业链融合；构建技术创新联盟，推动新区协同创新；完善多层次多领域合作机制，引导新区联动发展；加大区域协调发展力度，推动新区一体化发展；共建高水平开放平台，积极推动新区融入双循环；协同改善贸易宏观环境，促进新区对外贸易交流；建立规则统一的制度体系，提升新区治理效能；建立健全要素保障机制，激发新区发展活力。

参考文献

[1] 白仲林，李军．天津滨海新区与上海浦东新区三次产业结构特征及其变迁的比较 [J]．科学与科学技术管理，2003，24 (7)：49 -52.

[2] 薄文广，殷广卫．国家级新区发展困境分析与可持续发展思考 [J]．南京社会科学，2017 (11)：9 -16.

[3] 曹清峰．国家级新区对区域经济增长的带动效应——基于70大中城市的经验证据 [J]．中国工业经济，2020 (7)：43 -60.

[4] 曹云．国家级新区比较研究 [M]．北京：社会科学文献出版社，2014.

[5] 晁恒，马学广，李贵才．尺度重构视角下国家战略区域的空间生产策略——基于国家级新区的探讨 [J]．经济地理，2015，35 (5)：1 -8.

[6] 陈东，孔维锋．新地域空间——国家级新区的特征解析与发展对策 [J]．中国科学院院刊，2016，31 (1)：118 -125.

[7] 陈建军．长江三角洲地区的产业同构及产业定位 [J]．中国工业经济，2004 (2)：19 -26.

[8] 陈柳钦．专业化分工理论与产业集群的演进 [J]．北华大学学报(社会科学版)，2007 (4)：23 -30.

[9] 程必定，郝寿义，陈耀，等．雄安新区与中国区域协调发展 [J]．区域经济评论，2017 (5)：26 -38.

[10] 戴翔，金碚．产品内分工、制度质量与出口技术复杂度 [J]．经济研究，2014，49 (7)：4 -17 +43.

[11] 单顺安．环境税决策的囚徒困境 [J]．经济问题，2013 (8)：68 -72.

[12] 邓晰隆，叶宝忠，易加斌．国家级新区科技进步能力培育的政企合作影响因素研究——基于18个国家级新区的经验证据［J］．科学管理研究，2020，38（2）：18－23.

[13] 刁新军，杨德礼，胡润波．基于Stackelberg博弈均衡的双寡头企业竞争策略［J］．运筹与管理，2008，17（6）：20－25.

[14] 丁宋涛，刘厚俊．垂直分工演变、价值链重构与“低端锁定”突破——基于全球价值链治理的视角［J］．审计与经济研究，2013，28（5）：105－112.

[15] 丁杨科，冯定忠，金寿松，等．基于博弈论的再制造逆向物流定价决策［J］．控制与决策，2018，33（4）：749－758.

[16] 东童童，邓世成，晏琪．国家级新区产业共聚的动态演变与趋势预测——来自浦东新区与滨海新区的实证研究［J］．特区经济，2019（7）：10－15.

[17] 范巧．国家级新区辐射带动力及其实现机制研究［M］．北京：经济科学出版社，2021.

[18] 方海燕，张薇．不对称R&D活动下的市场绩效分析——基于有差异产品的寡头市场［J］．技术经济与管理研究，2013（11）：57－61.

[19] 符建华，张世颖．人力资本、市场化对产业结构升级影响的实证分析［J］．统计与决策，2019，35（21）：105－107.

[20] 高越，高峰．垂直专业化分工及我国的分工地位［J］．国际贸易问题，2005（3）：16－20.

[21] 郭丽娟，吴振明．产业特性、区域异质性与我国国内价值链分工［J］．科技进步与对策，2019，36（18）：51－58.

[22] 郭松洋．设立国家级新区的增长与协同效应研究——基于双重差分法的实证检验［J］．兰州学刊，2020（3）：120－130.

[23] 韩艳红，宋波．产品内分工、产业转移与我国产业结构升级——基于构建国内价值链视角［J］．工业技术经济，2012，31（11）：42－46.

[24] 郝寿义，曹清峰．论国家级新区［J］．贵州社会科学，2016（2）：26－33.

[25] 郝寿义．雄安新区与我国国家级新区的转型与升级［J］．经济学

29 + 187.

[55] 钱学锋，裴婷．国内国际双循环新发展格局：理论逻辑与内生动力［J］．重庆大学学报（社会科学版），2021，27（1）：14 – 26.

[56] 秦波．企业区位选择与城市空间重构［M］．北京：中国建筑工业出版社，2012.

[57] 任毅，东童童，邓世成．产业结构趋同的动态演变、合意性与趋势预测——基于浦东新区与滨海新区的比较分析［J］．财经科学，2018（12）：116 – 129.

[58] 茹伊丽，李莉，郭源园．内陆国家级新区发展政策建议——基于内陆与沿海新区的对比［J］．华东经济管理，2015（6）：61 – 65.

[59] 邵明伟，钟军委，张祥建．地方政府竞争：税负水平与空间集聚的内生性研究——基于 2000 ~ 2011 年中国省域面板数据的空间联立方程模型［J］．财经研究，2015，41（6）：58 – 69.

[60] 沈国兵．疫情全球蔓延下推动国内国际双循环促进经贸发展的困境及纾解举措［J］．重庆大学学报（社会科学版），2021，27（1）：1 – 13.

[61] 沈坤荣，付文林．税收竞争、地区博弈及其增长绩效［J］．经济研究，2006（6）：16 – 26.

[62] 沈坤荣，赵倩．以双循环新发展格局推动“十四五”时期经济高质量发展［J］．经济纵横，2020（10）：18 – 25.

[63] 帅青红，芮婷婷，黄涛．移动支付市场三大服务商博弈研究［J］．计算机科学，2015，42（10）：262 – 265.

[64] 孙海燕，孙峰华，王泽东，等．渤海海峡跨海通道建设与环渤海地区国家级新区的互动响应［J］．经济地理，2017，37（1）：8 – 14.

[65] 孙红霞，李晓芳，周珍．双渠道零售商和传统零售商的定价策略［J］．中国管理科学，2020，28（6）：104 – 111.

[66] 孙红霞，李煜．模糊环境下多企业间的产量竞争博弈分析［J］．统计与决策，2017（4）：184 – 188.

[67] 孙佳，程娜．分工理论的演进发展及对我国制造业产业升级的启示［J］．求是学刊，2012，39（4）：61 – 64.

[68] 孙佳．产品内分工框架下的产业升级的文献综述［J］．黑龙江对

外经贸，2010（11）：37－38＋80.

［69］孙巍，李菁．我国制造业区域产业结构的收敛性研究［J］．经济管理，2010，32（3）：46－54.

［70］覃成林，潘丹丹．粤港澳大湾区产业结构趋同及合意性分析［J］．经济与管理评论，2018（3）：15－25.

［71］汤吉军．新时代国企与民企发展混合所有制研究：一个实物期权方法［J］．经济体制改革，2020（3）：87－92.

［72］唐慧荣，王慧敏，仇蕾．双寡头垄断市场下治污投资的博弈分析［J］．统计与决策，2009（21）：58－60.

［73］屠年松，易泽华．价值链重构研究综述［J］．管理现代化，2018，38（1）：111－114.

［74］汪本强．国内区域性产业同构问题研究综述［J］．经济问题探索，2012（8）：103－106.

［75］汪冲．资本集聚、税收互动与纵向税收竞争［J］．经济学（季刊），2012，11（1）：19－38.

［76］王春萌，谷人旭，高士博，等．长三角经济圈产业分工及经济合作潜力研究［J］．上海经济研究，2016（5）：84－93.

［77］王佳宁，罗重谱．综合配套改革试验区产业功能区及其管理体制解构：天津滨海与重庆两江［J］．改革，2013（4）：73－82.

［78］王能发．基于轻微利他均衡的古诺博弈研究［J］．重庆师范大学学报（自然科学版），2014，31（4）：26－29.

［79］王青斌，贾丹．论区域规划主体间的协作机制——以博弈分析为视角［J］．行政法学研究，2016（4）：27－36.

［80］王晓强．论国家级新区行政机构设置的法定化［J］．江西社会科学，2020，40（2）：213－222.

［81］王永锋，华怡婷．环渤海地区产业结构趋同的实证研究［J］．经济与管理，2008，22（2）：30－33.

［82］王玉灵，陈娟．同类异质产品三方古诺模型的拓展与应用［J］．北京航空航天大学学报，2009，35（10）：1273－1277.

［83］王志华，陈圻．测度长三角制造业同构的几种方法——基于时间

序列数据的分析[J]. 产业经济研究，2006（4）：35－41.

[84] 魏中胤，沈山，沈正平. 我国国家级新区的类型划分与政策导向[J]. 经济师，2020（2）：20－22.

[85] 吴贵华，张晓娟，李勇泉. 国家级新区建设对产城融合的影响及作用机制——基于双重差分模型的检验[J]. 资源开发与市场，2020，36（2）：113－118.

[86] 吴昊天，杨郑鑫. 从国家级新区战略看国家战略空间演进[J]. 城市发展研究，2015，22（3）：1－10＋38.

[87] 西咸新区研究院. 国家级新区体制与政策比较研究[M]. 北京：中国社会科学出版社，2017.

[88] 谢莹. 全球价值链下重庆市装备制造业产业升级影响因素研究[D]. 重庆：重庆师范大学，2013.

[89] 辛宝贵，马军海. 一个不完全信息古诺博弈动力学模型的构建[J]. 统计与决策，2009（8）：32－33.

[90] 邢子政，马云泽. 京津冀区域产业结构趋同倾向与协同调整之策[J]. 现代财经－天津财经大学学报，2009，29（9）：50－56.

[91] 徐超. 我国地方政府间横向税收竞争研究[J]. 东北财经大学学报，2015（1）：11－17.

[92] 徐剑锋. 苏浙沪产业结构的趋同与区域经济合作[J]. 浙江学刊，2003（4）：140－147.

[93] 徐林. 谈古典经济学的专业化分工理论与当代产业集群的演进[J]. 金融经济，2005（16）：76－77.

[94] 许南，李建军. 产品内分工、产业转移与中国产业结构升级[J]. 管理世界，2012（1）：182－183.

[95] 杨伊. 我国地方税收竞争的博弈分析及其政策启示[J]. 江西教育学院学报（社会科学版），2007（1）：25－29.

[96] 杨振，杜昕然. 我国利用外资的趋势性变化[J]. 国际经济合作，2020（5）：40－50.

[97] 叶姮，李贵才，李莉，等. 国家级新区功能定位及发展建议——基于 GRNN 潜力评价方法[J]. 经济地理，2015，35（2）：92－99.

[98] 易明．开放竞争条件下的产业集群升级路径［M］．北京：中国地质大学出版社，2013.

[99] 余典范．上海浦东新区与天津滨海新区、深圳特区的比较研究［J］．上海经济研究，2007（3）：13－20.

[100] 余东华，张昆．要素市场分割、产业结构趋同与制造业高级化［J］．经济与管理研究，2020，41（1）：36－47.

[101] 余升国．税收竞争、中国制造业区域集聚与经济增长［D］．武汉：华中科技大学，2018.

[102] 余振，顾浩．全球价值链下区域分工地位与产业升级对策研究——以东北三省为例［J］．地理科学，2016，36（9）：1371－1377.

[103] 苑春，闫琳，柴国荣．寡头双渠道古诺博弈模型——兼议苏宁双渠道同价策略［J］．预测，2014，33（5）：65－70.

[104] 张少军，刘志彪．全球价值链模式的产业转移——动力、影响与对中国产业升级和区域协调发展的启示［J］．中国工业经济，2009（11）：5－15.

[105] 张晓宁，金桢栋．产业优化、效率变革与国家级新区发展的新动能培育［J］．改革，2018（2）：109－121.

[106] 张晔，刘志彪．产业趋同：地方官员行为的经济学分析［J］．经济学家，2005（6）：62－67.

[107] 张永姣，方创琳．地域尺度重组下的我国城市与区域规划体系改革［J］．人文地理，2015，30（5）：9－15.

[108] 张永亮．“双循环”新发展格局：事关全局的系统性深层次变革［J］．价格理论与实践，2020（7）：4－7＋12.

[109] 张宇波，罗先觉，薛钧义．寡占市场中动态古诺模型的建立及稳定性分析［J］．系统工程理论与实践，2003（11）：54－59.

[110] 赵峰，姜德波．产业结构趋同的合意性与区域经济发展——以苏北地区为例［J］．财贸经济，2011（4）：125－129.

[111] 甄烨，王文利．混合理性行为下动态古诺博弈模型的演化［J］．统计与决策，2016（23）：48－50.

[112] 郑辰煦．完全信息静态博弈模型文献综述［J］．现代工业经济和

信息化，2017，7（24）：16－18

［113］郑春荣．地方政府企业所得税减免的博弈分析［J］．经济问题，2007（11）：35－36.

［114］郑礼明．分工理论的演变与发展［J］．区域治理，2019（34）：24－26.

［115］周健，陈露婷，唐哲宇．基于Stackelberg博弈的异质品双渠道供应链定价策略［J］．同济大学学报（自然科学版），2016，44（12）：1962－1968.

［116］朱华友．空间集聚与产业区位的形成［M］．北京：中国科学技术出版社，2005

［117］朱江涛，卢向虎．国家级新区行政管理体制比较研究［J］．行政管理改革，2016（11）：19－23.

［118］朱江涛．西部国家级新区发展如何适应新常态［J］．城市，2015（12）：38－41.

［119］Agiza H N，Hegazi A S，Elsadany A A．Complex dynamics and synchronization of a duopoly game with bounded rationality［J］．Mathematics and computers in Simulation，2002，58（2）：133－146.

［120］Anna Agliari，Laura Gardini，Tönu Puu．The dynamics of a triopoly Cournot game［J］．Chaos，Solitons and Fractals，2000，11（15）：2531－2560.

［121］Bai C E，Du Y，Tao Z，et al．Local protectionism and regional specialization：evidence from China's industries［J］．Journal of international economics，2004，63（2）：397－417.

［122］Bertoletti P，Poletti C．A note on endogenous firm efficiency in Cournot models of incomplete information［J］．Journal of Economic Theory，1996，71（1）：303－310.

［123］Besley T，Case A．Incumbent behavior：Vote seeking，tax setting and yardstick competition［R］．National bureau of economic research，1992.

［124］Brennan G，Buchanan J M．The power to tax：Analytic foundations of a fiscalconstitution［M］．Cambridge University Press，1980.

[125] He C. F., Zhu S. J. Economic transition and regional industrial restructuring in China: Strucural convergence or divergence [J]. Post Communist Economies, 2007, 19 (3): 321 –346.

[126] Hoopes D G, Madsen T L, Walker G. Guest editors' introduction to the special issue: why is there a resource – based view? Toward a theory of competitive heterogeneity [J]. Strategic management journal, 2003, 24 (10): 889 – 902.

[127] Jeuland A P, Shugan S M. Managing channel profits [J]. Marketing science, 1983, 2 (3): 239 –272.

[128] McGuire T W, Staelin R. An industry equilibrium analysis of downstream vertical integration [J]. Marketing science, 1983, 2 (2): 161 –191.

[129] Merzoni G. Strategic delegation in cournot oligopoly with incomplete information [M]. Industrial Organization. Emerald Group Publishing Limited, 2000.

[130] Mieszkowski P, Zodrow G R. Taxation and the Tiebout model: the differential effects of head taxes, taxes on land rents, and property taxes [J]. Journal of Economic Literature, 1989, 27 (3): 1098 –1146.

[131] Mieszkowski P. The property tax: An excise tax or a profits tax? [J]. Journal of Public Economics, 1972, 1 (1): 73 –96.

[132] Mukaidani H, Xu H. Stackelberg Strategies for Stochastic Systems With Multiple Followers [J]. Automatica, 2015 (53): 53 –59.

[133] Nakamura T. One – leader and Multiple – followerStackelberg Games With Private Information [J]. Economics Letters, 2015 (127): 27 –30.

[134] Poncet S. A fragmented China: Measure and determinants of Chinese domestic market disintegration [J]. Review of international Economics, 2005, 13 (3): 409 –430.

[135] Richard Cardozo, Alexandre Ardichvili, Anthony Strauss. Effectiveness of university technology transfer: an organizational population ecology view of a maturing supplier industry [J]. The Journal of Technology Transfer, 2011, 36 (2): 173 –202.

[136] Tiebout C M. A pure theory of local expenditures [J]. Journal of political economy, 1956, 64 (5): 416 -424.

[137] Wilson J D. A theory of interregional taxcompetition [J]. Journal of urban Economics, 1986, 19 (3): 296 -315.

[138] Wrede M. Tragedy of the fiscal common?: Fiscal stock externalities in a Leviathan model of federalism [J]. Public Choice, 1999, 101 (3): 177 - 193.

[139] Yigal Gerchak, Yunzeng Wang. Revenue - Sharing vs. Wholesale - Price Contracts in Assembly Systems with Random Demand [J]. Production and Operations Management, 2004, 13 (1).

[140] Young A. The razor's edge: Distortions and incremental reform in the People's Republic ofChina [J]. The Quarterly Journal of Economics, 2000, 115 (4): 1091 -1135.

